W0095511

bup
BERLIN UNIVERSITY PRESS

Wolf Lepenies
Warum war Henry James so schlechter Laune?
Geistesarbeiter und ihre Freunde

Berlin University Press

Wolf Lepenies
Warum war Henry James so schlechter Laune?
Geistesarbeiter und ihre Freunde

Erste Auflage im September 2007
© Berlin University Press 2007
Alle Rechte vorbehalten

Ausstattung und Umschlag
Groothuis, Lohfert, Consorten | glcons.de
Satz und Herstellung
Horst Brühmann, Frankfurt am Main
Schrift
Borgis Joanna MT
Druck
DruckPartner Rübelmann GmbH, Hemsbach
ISBN 978-3-940432-06-3

I. »Es gibt bereits genügend Bücher«
Geschichten vom Lesen, vom Schreiben und vom Büchermachen

Es gibt bereits genügend Bücher. Wie bitte? Sie müssen glauben, Sie hätten sich verhört. Wie, um Himmels willen, kann man diesen festlichen Empfang zur Eröffnung der Buchmesse-Akademie in Leipzig, an deren Veranstaltungen ehemalige Senatoren und emeritierte Außenminister und, wer weiß, auch die künftige Bundespräsidentin teilnehmen, auf alle Fälle aber unzählige enttäuschungsfeste Leser und hoffnungsfrohe Autoren, wie nur kann man bei einem Fest der Bücher mit dem Satz beginnen: Es gibt bereits genügend Bücher?

So und nicht anders – denn: »Wie, um Himmels willen!«, wird nur derjenige von Ihnen, meine Damen und Herren, also niemand, beim Hören dieses Satzes ausrufen, dessen Geschichtskenntnisse unvollkommen sind, oder derjenige, der nicht wüsste, was doch jeder von Ihnen weiß, dass es nämlich in der europäischen Universität des lateinischen Mittelalters ein bei Studenten wie Professoren gleichermaßen beliebtes Spiel gegeben haben soll, das *ludus non dicendi* oder *Unsagbarkeitsspiel*, das darin bestand, den einen, den einzigen Satz herauszufinden, mit dem eine Festansprache zu einem bestimmten Anlass auf gar keinen Fall beginnen darf. Heute wissen Redner und Zuhörer oft nicht, welches Spiel sie miteinander spielen. Wir aber – Bücherliebhaber allesamt – wissen es genau. Die Unsagbarkeitsformel für den heutigen, festlichen Abend im Rahmen der Leipziger Buchmesse lautet: *Es gibt bereits genügend Bücher*. So und nicht anders dürfte eine Festansprache am heutigen Abend auf gar keinen Fall beginnen.

Die Unsagbarkeitsformel für den heutigen Abend stammt nicht von mir; sie ist ein Zitat. Von Pierre Poivre stammt der Satz, dem großen französischen Naturalisten, von Pierre Poivre, dem Weitgereisten, der – das mögen Sie nun glauben oder nicht, aber es ist wahr – regelmäßig dorthin aufbrach, wo der Pfeffer wächst, nämlich nach Afrika und Indien, und der viele fremde Spezereien als erster in Europa heimisch machte. Unwirsch streute er den würzigen Satz aus, als man ihn drängte, doch endlich seine Memoiren zu veröffentlichen: »Es gibt bereits genügend Bücher« war die ebenso anmaßende wie bescheidene Antwort, das heißt, beinahe war sie es, denn was der große *voyageur-philosophe*, den man dahin bringen wollte, auch Autor zu werden, nun tatsächlich ausrief, war: *Il y a déjà assez de livres.*

Pierre Poivre, der zu seinem Glück und fortwährendem Nachruhm kurz vor Ausbruch der Französischen Revolution starb, denn sie hätte ihn wohl nicht nur das Leben, sondern auch den Kopf gekostet, Pierre Poivre blieb der Einzige, der persönliche Konsequenzen aus der ebenso trivialen, wie umstürzlerischen Feststellung zog, er selbst brauche nichts mehr zu schreiben und zu publizieren, es gebe bereits genügend Bücher. Er ist einer der wenigen Nicht-Autoren, welche die tintenbekleckste Weltgeschichte kennt, ein Mann des ungedruckten Wortes, der Wort hielt, während all seine Nachsprecher wortbrüchig wurden, vom Baron Grimm, der zwar behauptete, eine Bibliothek könne nie klein genug sein, dann aber die Bibliotheken des Ancien Régime zwanzig Jahre lang mit den nicht enden wollenden Lieferungen seiner *Correspondance Littéraire* vollstopfte, über Thomas Hardys feierlich gegebenes, aber nicht gehaltenes Versprechen, nur noch die Vorreden zu seinen Romanen, die Romane selbst aber nicht mehr zu schreiben, bis hin zu Stefan George und seinem Verdikt, 50 Bücher in einer Bibliothek seien mehr als genug, der Rest sei Bildung, also überflüssig.

Die europäische Buchgeschichte ist eine Folge von Wortbrüchen. Ihre Auswirkungen bekommen wir heute immer noch zu spüren. Auf unserem Kontinent ist es nicht mehr möglich, einen normalen Buchladen von einem Antiquariat zu unterscheiden. Dass veraltete Bücher angepriesen werden, als ob sie frisch aus der Druckerpresse kämen, mag als raffinierte Verkaufsstrategie noch durchgehen. Bedrückender ist die Tatsache, dass heutzutage auch ein Regal verlagsneuer Bücher nach wenigen Wochen alt aussieht. Die deutsche Sprache hat das passende Wort für diese blitzschnelle Transsubstantiation jeden Lesestoffes längst gefunden: wir leben im Zeitalter des *Modernen Antiquariats*. Wir lesen und schreiben in einer Nichtrisikogesellschaft, in der kein verzweifelter junger Autor aus dem Fenster springen kann, ohne auf dem Rücken eines nur wenig älteren Verlegers zu landen.

Die typisch europäische Krankheit ist nicht, wie manche Autoren fälschlicherweise behauptet haben, die Melancholie, sondern die Stampomanie, das heißt der öffentlich meist geleugnete, doch zu allen Zeiten unstillbare Drang des *homo sapiens sive scribens*, sich gedruckt zu sehen. Besonders zu tadeln ist in diesem Zusammenhang der berühmte Dr. Johnson, der Verfasser des umfänglichen Dictionary of the English Language und ein ungemein aggressiver Autor – was mit der Tatsache zusammenhängen mag, dass er 1709 in Lichfield als der Sohn eines Buchhändlers auf die Welt kam, der zugleich Sheriff war. Zu tadeln ist Samuel Johnson nicht so sehr, weil er sich noch als Greis damit brüstete, jederzeit eine Frau verführen oder – was ihm als weitaus schwieriger erschien – ein Buch binden zu können, sondern weil er so unvorsichtig war, zu behaupten, es sei die Pflicht eines jeden Schreibenden, die Welt mit seinen Schriften ein wenig besser zu machen. Seitdem haben unzählige Autoren die Welt nicht besser gemacht, aber alle Besserwisser haben geschrieben.

Im 18. Jahrhundert hieß es lobend von Denis Diderot, er habe alles gelesen und – etwas weniger lobend – von Sébastien Mercier, dem Verfasser des zuviel bändigen Tableau de Paris, er habe alles geschrieben. Manche Autoren, es ist wahr, schreiben so viel, dass sie nicht mehr zum Lesen kommen, wie der ältere Dumas, der bei einer Abendeinladung auf die Frage einer Dame, warum er im Graf von Monte-Christo eine bestimmte Romanfigur so und nicht anders gezeichnet habe, antwortete, er wisse es nicht, woraufhin die Dame erstaunt ausrief: »Aber Monsieur Dumas, Sie haben den Roman doch geschrieben!« »Gewiss, Madame«, antwortete ungerührt der Autor, »geschrieben schon, aber nicht gelesen!« Dumas sprach eine große Wahrheit gelassen aus: Der Autor ist nicht der privilegierte Leser seiner Texte. Von dieser Einsicht lebt die Hermeneutik. Wäre der Autor sein bester Leser, die Geisteswissenschaften wären überflüssig.

Umgekehrt können wir aber nicht sicher sein, ob die Menschen endlich weniger schrieben, wenn sie nur mehr läsen. Benjamin Disraelis Ratschlag, ein Buch gefälligst selbst zu schreiben, wenn man schon eines zu lesen wünsche, klang *snobbish*, wurde aber von ihm selbst befolgt, und wie könnte man ausgerechnet aus Anlass der Leipziger Buchmesse vom Lesen und vom Schreiben und vom Büchermachen sprechen, ohne an den liebenswertesten aller selbstschreibenden Nicht-Leser zu denken: an Jean Pauls vergnügtes Schulmeisterlein Maria Wutz aus Auenthal!

Das Schulmeisterlein war bekanntermaßen vor allem deswegen so vergnügt, weil es sich seine ganze Bibliothek selber schrieb. Maria Wutz fehlten weder die Muße noch die Lust, um selbst Bücher zu schreiben, wohl aber das Geld, um sich ein Buch kaufen oder leihen und lesen zu können. Ein einziges Buch konnte er sich leisten, das war der Leipziger Messkatalog, und als er darin die Wertherschen Leiden annonciert fand, schrieb er sie umgehend ebenso selber, wie er keinen Augenblick zögerte, die Lavaterschen Fragmente und das ganze Œuvre von Jean-Jacques Rousseau zu verfassen. Wutz war kein Nach-, er war ein Vorschreiber und hielt sich daher zu Recht für ein Originalgenie.

Dabei hatte Wutz Glück, um nicht zu sagen Schwein, dass sich in der damaligen Bücherwelt noch kein kompliziertes Geflecht von *copy-rights* und *copy-wrongs* herausgesponnen hatte, so dass er, ohne Furcht vor Sanktionen, sich beim Anblick seines selbstgezimmerten Bücherbrettes, auf dem seine selbstgeschriebenen Bücher standen, bitter darüber beschweren konnte, dass die berühmtesten Schriftsteller der Welt, ob sie nun in Paris oder London saßen, wie bereits aus den Titeln ihrer Werke hervorging, ausgerechnet ihn, den Maria Wutz aus Auenthal plagiierten! Sparsam war im übrigen das Schulmeisterlein auch darin, dass seine Leser- und Rezensentenschaft sich auf eine einzige Person zusammenzog, seine Frau: »Er prahlte«, heißt es bei Jean Paul, »vor niemand als vor seiner Frau; und ich schätze den Vorteil so hoch, als er wert ist, den die Ehe hat, dass der Ehemann durch sie noch ein zweites Ich bekommt, vor welchem er sich ohne Bedenken recht herzlich loben kann. Wahrhaftig das deutsche Publikum sollte ein solches zweites Ich von uns Autoren abgeben!«

Uns rühren Maria Wutz – und seine Frau – bis heute, weil der Charme kleiner Bibliotheken, begrenzter Auflagen, eines ausgewählten Leserkreises und eines einzigen, dafür aber treuen Zuhörers und Rezensenten nicht verloren gehen will. Die vorindustrielle Bücherwelt hatte ihre Reize, an die wir heute nicht ohne Nostalgie zurückdenken können. Wünschen wir missverstandenen Autoren uns nicht, heute noch so wirksam handeln zu können wie einst der Vater des Herzogs von La Rochefoucauld? Der eilte, als er sich in den gerade erschienenen Memoiren des Kollegen Saint-Simon an einer Stelle verleumdet fand, nach dem *petit déjeuner* zum Buchhändler, das heißt zum Verleger, schärfte seinen Federkiel und schrieb wutentbrannt in jedes Exemplar der noch unverkauften Saint-Simonschen Memoiren auf die beanstandete Seite: »Der Verfasser hat gelogen«. Zum zweiten Frühstück war La Rochefoucauld senior wieder zu Hause – mit leichtem Schreibkrampf in der Schreibhand, doch zufrieden, der Wahrheit mit Nachdruck, das heißt mit persönlicher Nachschrift, gedient zu haben.

Der Sehnsucht nach der kleinen Auflage, die sich in der Regel gar nicht so leicht befriedigen lässt, gab in der Belle Epoque ein Freund Marcel Prousts, Robert de Montesquiou, praktischen Ausdruck, als er eines seiner Bücher in einer Auflage von

ganzen 13 Exemplaren publizieren lassen wollte – »Zwölf für
meine Freunde, eines für die Menge«, wie er sich ausdrückte.
Die dahinterstehende Hochnäsigkeit von Autoren, die das Wort
Bestseller nicht buchstabieren können, ist weit verbreitet. Freilich darf man deshalb noch keine falschen Schlussfolgerungen
aus dem Eintrag in einem Antiquariatskatalog ziehen: »Friedrich Gundolf. *Shakespeare und der deutsche Geist.* Erstausgabe. Ohne
Widmung des Autors. Selten«. So klein waren die Auflagen
nämlich gar nicht, die der George-Kreis produzierte. Die preis-
treibende Ankündigung des Antiquars spiegelt vielmehr die
Notwendigkeit wieder, den Zusammenhalt einer Weltanschau-
ungsgemeinde durch regelmäßige, Gemeinschaft stiftende Akte
unter den Jüngern zu festigen. Dazu gehören in einem literarischen Binnenmilieu lesender und schreibender Jünger nicht
zuletzt wechselseitige Widmungen, und für Friedrich Gundolf
zählten nur die Widmungsexemplare seines Buches, der Rest
der Auflage war für die Menge der Nichtberufenen bestimmt,
also wertlos für ihn – und ist deswegen im heutigen Antiquariat
umso wertvoller.

Zu den revolutionären Umbrüchen, deren Folgen unsere
Zeit bis heute prägen, gehört die Industrialisierung der Literatur. Natürlich schreibt man, seitdem man druckt, auch, um zu
leben – doch waren die Überlebenschancen von Autoren, die
nichts als Autoren sein wollten, zu Zeiten gering, da die meisten Leser keine Käufer waren und nicht die Käufer meistens
keine Leser, wie man heute, angesichts der vielen *coffee-table books*,
vermuten darf. Alfred de Mussets erster, 1830 veröffentlichter
Gedichtband beispielsweise, die *Contes d'Espagne et d'Italie*, hatte
eine Erstauflage von 500 Exemplaren, fand aber, wie wir wissen,
innerhalb von nur wenigen Tagen 10 000 Leser.

Mit der Industrialisierung der Bücherproduktion verändert
sich die Lage dramatisch. In der Mitte des 19. Jahrhunderts – der
große Kritiker Sainte-Beuve hat davon erzählt – vernimmt man
beispielsweise in Frankreich allenthalben die Klage, zur Zeit der
Restauration habe es in der Literatur noch Ideen gegeben – jetzt

dagegen regiere die Eigenliebe und jeden Autor bewege fast ausschließlich die Sorge um seinen Lebensunterhalt. Von einer Berufung sei die Literatur zu einem Beruf geworden und wer ›Vivre en écrivant!‹ auf seine Fahne schreibe, der verkünde damit kein intellektuelles Programm mehr, sondern liefere nur noch einen Beschäftigungsnachweis.

Sainte-Beuves Klage lautet im Originalton: »Mit den neuen Gewohnheiten muss man sich abfinden, mit der Invasion der literarischen Demokratie ebenso wie mit dem Heraufkommen all der anderen Demokratien. Es spielt keine Rolle, dass sich dieser Tatbestand in der Literatur besonders krass zeigt. Zu schreiben und etwas drucken zu lassen, wird immer weniger etwas Besonderes sein [...]. Jedermann wird mindestens einmal im Leben seine Seite, seinen Diskurs, seinen Verlagsprospekt, seinen *Toast* haben, jeder wird einmal *Autor* sein. Von da ist es nur noch ein kleiner Schritt, bis jeder sein eigenes Feuilleton schreibt. Warum nicht auch ich?, fragt sich ein jeder. Respektable Motive kommen hinzu. Man hat schließlich eine Familie, man hat aus Liebe geheiratet, unter einem Pseudonym wird die Gattin ebenfalls schreiben. Was gibt es Ehrenhafteres, was kann mehr Interesse beanspruchen als die beflissene, (wenn auch ein wenig hastige und lasche) Arbeit eines armen Schriftstellers, der schreibt, um die Seinen durchzubringen? [...]. Ich schreibe ja auch, muss man sich sagen, wenn man über die schreibt, die auch ein wenig schreiben, um zu leben.« Die Kulturkritik des Massenzeitalters ist nicht zuletzt die Kritik an der schreibenden Masse, der *foule écriveuse*.

»Die Gattin wird ebenfalls schreiben.« Wieder einmal zeigt sich, dass die Frauen vielleicht nicht immer an allem, an fast allem aber immer ein wenig schuld sind. Versuche, Frauen vom Schreiben abzuhalten, waren in der Regel nicht von Erfolg gekrönt, wie sich in vielen Männer-Büchern nachlesen lässt. Als beispielsweise Bettina von Arnim nicht damit aufhören wollte, zu schreiben, schleuderte ihr der cholerische Dietrich Christian Grabbe ohne Scherz, Satire oder Ironie, sondern nur mit tieferer Bedeutung die furchtbare Drohung entgegen: »Treibt die Verfasserin es weiter, so soll sie hinfort nicht mehr als Dame, sondern als Autorin behandelt werden«, aber er erreichte damit nur das Gegenteil – wie Friedrich Nietzsche, der Elisabeth Förster-Nietzsche zum Schreiben weniger ermunterte als provozierte und damit entscheidend dazu beitrug, dass auch sie zur Autorin und somit im Urteil eines ungalanten Zeitgenossen zur stadtbekannten Schwester des weltberühmten Bruders wurde.

Umgekehrt haben Frauen – nicht zuletzt Ehefrauen – wenigstens gelegentlich Erfolg in ihrem Bemühen gehabt, Männer vom Schreiben abzuhalten. Besonders hervorzuheben sind in diesem Zusammenhang die Geliebten des Honoré de Balzac. Wir wissen, wie der große Mann seufzte, wenn er, erschöpft von einer neuen Affäre, am nächsten Morgen Schwierigkeiten hatte, die Feder zu halten: »Mein Gott, diese Nacht habe ich schon wieder ein Buch verloren!« Man stelle sich vor, wie die Comédie Humaine, diese entzückende Sammlung schmaler Romane, ausschauen würde, wenn die Frauen Balzac weniger geliebt hätten!

Jedenfalls waren diese Frauen erfolgreicher als ein deutscher Philosoph, der seiner Fakultät einst den Vorschlag unterbreitete, jeden Gelehrten, der bis zum 40. Lebensjahr noch nichts publiziert habe, automatisch zu habilitieren und demjenigen, der sich verpflichte, zeitlebens so weiterzumachen, umgehend ein Extraordinariat zu verleihen. Der Vorschlag wurde von seinen Kollegen, die keine Philosophen waren, sondern lediglich Philosophie-Professoren, entrüstet zurückgewiesen, und bis heute ist kein Wissenschaftler auf dieser Welt davon zu überzeugen, dass er der Menschheit auf zweierlei Weise dienen kann: indem er, wenn es halt nicht anders geht, ein gutes Buch schreibt oder eine Reihe schlechter Bücher nicht schreibt.

Wir sind dem Kern des Problems auf der Spur. Nicht zuletzt akademische Autoren sind schuld daran, dass wir alle miteinander der heute apokalyptisch klingenden, ursprünglich aber vermutlich ironisch gemeinten Weissagung glauben: Publish or perish! Deutschland trägt für die dadurch veranlasste katastrophale Bücherschwemme eine besondere Verantwortung, weil bei uns durch unzureichende Hygiene eine Epidemie besonders schlimme Auswüchse angenommen hat, die in der medizinischen Fachliteratur als Germanisches Festschriftenfieber bezeichnet wird.

Ursprünglich kamen lediglich Wissenschaftler in den Genuss einer Festschrift, die das Mindestalter von 95 Jahren erreicht hatten. Das war einmal. Heute bekommen schon 40jährige eine Festschrift, wenn sie endlich promovieren. Ist das Prädikat der Doktorarbeit besser als rite, ist die Festschrift in der Regel mehrbändig. Da jeder, dem selbst einmal eine Festschrift gewidmet wurde, die nächste Festschrift nach Ablauf der üblichen Fünfjahresfrist erwarten kann, da ferner jeder, der zu einer Festschrift beiträgt, berechtigt ist, selbst mit einer Festschrift geehrt zu werden, und da schließlich die mittlere Lebensdauer des deutschen Professors unterdessen bei 90 Jahren und drei Monaten liegt, was eine publikationsfähige Lebensdauer von 67 Jahren mit sich bringt, wird deutlich, dass hier in der Tat nur von einer ›Epidemie‹ die Rede sein kann.

Das staatliche Verbot von Festschriften wird kaum weiterhelfen. Eine frühere Bundesregierung ist vor Jahren mit einem entsprechenden Gesetzesentwurf gescheitert, weil die Hälfte des Bundestages aus Autoren und Lektoren bestand und die andere Hälfte den Gesetzesentwurf nicht lesen konnte. Auch soll das Bundesverfassungsgericht, so geht das Gerücht, demnächst verkünden, dass Festschriften gewidmet zu bekommen zu den Grundrechten und Festschriften anderen zu widmen zu den Grundpflichten zählt. Daran wird auch die AFL, die Anti-Festschrift-Liga, die von Wolfgang Raible und Harald Weinrich begründet wurde, nichts mehr ändern – ganz abgesehen davon, dass viele bekannte Kollegen längst mit roten und gelb-roten Karten aus dieser Liga verabschiedet werden mussten, weil sie sich doch zu einem Festschriftenbeitrag hatten umstimmen lassen – was im Fußball dem Nachtreten oder dem seitlichen Hineingrätschen entspricht.

Erinnern Sie sich noch an das Unsagbarkeitsspiel, das wir am Anfang meiner Festansprache, die sich nun ihrem fest versprochenen Ende nähert, miteinander spielten? Im englischen Cambridge wurde vor 60 Jahren von Studenten dazu eine Variante erfunden: Zitiere einen Satz und frage nach dem Autor, der mit größter Wahrscheinlichkeit diesen Satz nie hätte schreiben oder sagen können! Ein Beispiel: »Ich wollte ja gar nicht Bundeskanzler werden!« Antwort: Oskar Lafontaine. Ein anderes: »Die Bayern sind tatsächlich besser!« Antwort: Otto Rehhagel. Die Beispielsätze, deren unwahrscheinlichen Autor ich Sie zu raten bitte, lauten:

> »Etwas vom Bildschirm zu lesen, ist immer noch unendlich weniger angenehm, als es auf dem Papier zu tun. [...] Wenn es um einen Text von mehr als vier oder fünf Seiten geht, drucke ich ihn mir aus und trage ihn mit mir herum und mache mir Notizen. Um diesen Gebrauchswert zu erreichen, türmen sich vor unseren gegenwärtigen technischen Möglichkeiten unendliche Schwierigkeiten auf. «

Die Antwort ist natürlich ganz leicht – oder? Der Autor, der diese Sätze auf gar keinen Fall geschrieben oder gesagt haben kann, er kann doch nur – Bill Gates sein. Nein, es war ausgerechnet Bill Gates, der so sprach, und die leicht melancholische Aussage des Erfinders von Microsoft zeigt: Auch im Zeitalter des Internets und der wachsenden Bedeutung der sogenannten e-Books hat das Buch, das richtige Buch noch eine Zukunft. In der New York Review of Books hat Robert Darnton dazu einen Artikel geschrieben, der von der vielversprechenden Zukunft des Buches im Zeitalter der elektronischen Medien handelt: »The New Age of the Book«.

Aber auch ein Blick in vergangene Epochen des Schreibens und Lesens zeigt, warum die Bücher bleiben werden. Sainte-Beuve war vielleicht der größte Leser, den die Literaturgeschichte kennt, dem Lesen geradezu verfallen, diesem einzigen Laster, wie er einmal schrieb, das unbestraft bleibt. Schon 1844, er war achtunddreißig Jahre alt, bekannte er, in seinem Leben tue er nichts anderes als ein einziges großes Buch zu lesen, das Buch der Welt und des Lebens, zu dem er immer wieder zurückkehre und mit dessen Lektüre man nie zu Ende komme. Von der Lesbarkeit der Welt zu sprechen, war schon damals keine originelle Metapher, aber es verhielt sich wirklich so, dass Sainte-Beuve – der eine Zeitlang auch als Bibliothekar in der Pariser Bibliothèque Mazarine arbeitete – ununterbrochen las. Besonders freute er sich, wenn er den Inhalt mancher Bücher vergessen hatte: Nun konnte er sie mit noch größerem Vergnügen wiederlesen.

Denn auch wenn Bibliotheken mit ihren Massen ungelesener Bücher ein Memento mori sind und der Friedhof toter Bücher auf die Werke der meisten Autoren wartet: Nicht alle Bücher sind tot und vergessen. Wir, die Leser, ziehen bis heute Nutzen aus ihrer Unsterblichkeit, wie Sainte-Beuve beschrieb, als es darum ging, zu bestimmen, was ein Klassiker sei:

»Aber warum muss man immer davon sprechen, Autor zu sein und zu schreiben? Vielleicht naht ein Alter, in dem man nicht mehr schreibt. Wie glücklich sind die, die lesen, die wiederlesen und die in ihrer Lektüre frei ihren Neigungen folgen können! Es kommt eine Zeit im Leben, wo man, nachdem alle Reisen getan und alle Erfahrungen gemacht worden sind, kein lebhafteres Vergnügen mehr findet als dasjenige, sich mit den Dingen, die man kennt, zu beschäftigen und sie noch genauer kennen zu lernen und das zu genießen, was man fühlt, so wie man Menschen, die man liebt, gerne sieht und wiedersieht: reines Entzücken für Herz und Geschmack. [...] Dies ist die Zeit, in der das Wort Klassiker seinen wahren Sinn gewinnt und sich für jeden Menschen von Geschmack durch Vorlieben definiert, die unwiderstehlich sind. Wenn wir den gesunden Menschenverstand überhaupt einmal erwerben sollten, ist er jetzt vorhanden. Man hat keine Zeit mehr, um Neues zu versuchen, und keine Lust mehr, auf Entdeckungen auszugehen. Man hält sich an seine Freunde, an diejenigen, die sich in einem langen Umgang mit uns bewährt haben. Alter Wein, alte Bücher, alte Freunde [...]. Ob es nun schließlich Horaz oder irgend ein anderer ist, um welchen Autor auch immer es sich handelt, den wir bevorzugen und bei dem wir unsere eigenen Gedanken in ihrem Reichtum und ihrer Reife wiederfinden – man wird dann irgendeinen dieser guten und antiken Geister jederzeit um ein Gespräch bitten, um eine Freundschaft, die nicht enttäuscht und die wir nicht missen möchten, und um jenen uns teuer gewordenen Eindruck von Heiterkeit und Gelassenheit, der uns, die wir es so oft nötig haben, mit den Menschen und mit uns selber versöhnt.«

Das klingt ein bisschen nostalgisch und sehr nach Vergangenheit. Aber es betrifft auch unsere Gegenwart und unsere Zukunft. Die Alten wissen es und den Jungen sollten sie es erzählen: Es gibt Bücher, die wir nicht nur zum Lesen, sondern die wir zum Leben brauchen. Von diesen Büchern kann es nie genug geben.

Hätten wir nicht das Unsagbarkeitsspiel miteinander gespielt, hätte ich mit diesem Satz nicht enden können, mit ihm hätte ich beginnen müssen.

II. Benimm und Erkenntnis
Gedenkrede auf den Freiherrn von Knigge

Fürchten Sie nichts, meine Herrn und Damen! – mit diesen Worten dürfte ich meinen Vortrag nicht beginnen, wollte ich nicht Gefahr laufen, umgehend als Plagiator entlarvt zu werden, denn so hat Adolph Franz Friedrich Ludwig Freiherr von Knigge den *Roman seines Lebens* begonnen, als er einigen Lesern versprach, sie in den kommenden Kapiteln keinesfalls in einer Gestalt auftreten zu lassen, der man entgegenrufen könnte: »Das sind [doch] Sie!«

Sind *Sie* es? Fürchten Sie nichts, meine Damen und Herren – oder glauben Sie, seine Leser und meine Zuhörer, etwa doch, die Schriften des Freiherrn könnten auch heute jenen eigenartigen Schrecken verbreiten, der einen packt, wenn man unvorbereitet vor den Spiegel tritt? Fühlen Sie sich tagtäglich von schiefen Köpfen regiert, die es nicht wert sind, Ihre Schuhriemen aufzulösen? Oder rechnen Sie sich zu den Redlichen, die fast allgemein verkannt werden, obwohl Sie, den Kniggeschen Geboten folgend, auch und gerade am heutigen Gedenktage keine Hüte oder Handschuhe versteckt und alles, was Ihnen zu Boden fiel, umgehend wieder aufgehoben haben? Haben Sie dabei mehr als jene dreiundzwanzig Begriffe aufgeschnappt, die, recht durcheinandergeworfen, nach Knigges Ansicht genügen, um in jeder Gesellschaft Aufmerksamkeit zu erregen?

Ob Baron Knigge auch wirklich todt ist?

In der nächsten Dreiviertelstunde wenig will ich damit fortfahren, den Freiherrn zu plagiieren – der Maxime eingedenk, dass das Plagiat die einzig aufrechte Form der Schmeichelei ist. Ich

werde dem Baron Knigge nicht zuletzt schmeicheln, weil dieser
Autor – zwei lange Jahrhunderte tot, doch nie ganz verstummt –
heute beim Wiederlesen nicht nur hie und da, sondern an vielen
Orten seiner Schriften eine überraschende Lebendigkeit zeigt.

Müssten Sie es beispielsweise nicht für eine aktuelle An-
spielung auf die Ambitionen eines niedersächsischen Politikers
halten, wenn ich hier im Bremer Dom – also auf ehedem kur-
fürstlich-hannöverschem Herrschaftsgrund – an des Freiherrn
Prognose erinnerte, dass, wer sich an der Leine allgemeine
Liebe erworben habe, bei seiner erstrebten Übersiedlung an den
Rhein[1] leicht der Verachtung anheimfallen könne? Wie wollen
Sie sich dagegen wehren, sich eines Blicks in unsere Gegenwart
zu entschlagen, wenn Knigge die spöttische Verkleinerungsfor-
mel ›Erdengötterlein‹ gerade dort verwendet, wo zum ersten
Male Serenissimus, der Fürst von Saarbrücken[2], auftaucht? Oder
wollen Sie lieber – in bremischer Fairness und um christlich-
soziale Ausgewogenheit bemüht – an den ungeklärten Zustand
unserer Staatsfinanzen denken, wenn im *Umgang mit Menschen* die
Rede davon ist, »der treuherzige, naive, zuweilen ein wenig
bäurische, materielle Bayer[3] [werde] äußerst verlegen, wenn er
auf alle verbindlichen [...] Dinge antworten soll?« Ausführlich
müsste in diesem Zusammenhang auch von Knigges behag-
lichem Lob des deutschen Paradieses, der schönen Pfalz, die
Rede sein und von dem originellen Mainz[4], wo sich die Menschen, also auch die Politiker und die Landesväter, eigentümli-
cherweise empfehlen, wenn sie kommen, und nicht, wenn sie
gehen. Mit dem Freiherrn Knigge, ob er nun kommt oder geht,
ist es eine eigentümliche und zwiespältige Sache: Man fühlt
sich immer fremd und heimisch bei ihm zugleich.

1 Vulgo: die Spree. Niedersächsischer Ministerpräsident war 1996 Gerhard
   Schröder.
2 1996 war Oskar Lafontaine Ministerpräsident des Saarlandes.
3 1996 war Theo Waigel Finanzminister der Bundesrepublik.
4 1996 war Helmut Kohl Bundeskanzler, Kurt Beck war seit 1994 Ministerpräsident von Rheinland-Pfalz.

Von der unstillbaren Sucht, gedruckt zu werden

Der Baron Knigge — dieser Edelmann, der schon früh gezwungen wurde, den Bürger zu spielen, und der ihn besser
spielte als so mancher Bourgeois — starb auf den Tag genau vor
zweihundert Jahren, am 6. Mai 1796 in Bremen, und gerade
hier und heute, ganz in seiner Nähe und in nachösterlicher Zeit,
müssen wir uns bei allem Respekt und rückblickender Verehrung fragen — de mortuis nil nisi vere — ob mit seiner Auferstehung
als Autor noch einmal gerechnet werden könne.

Ich stelle die Frage nicht als ein dilettierender Theologe,
sondern als ein gläubiger Leser: Wie ihre Verfasser haben auch
Bücher ihre Schicksale und Buchstaben können ziemlich tot
sein. Unzweifelhaft nun gehört Knigge zu jenen Autoren, die
einen an der herkömmlichen Rechenkunst zweifeln lassen: Wie
kann man in einem kurzen Leben so viel mehr schreiben, als
man in einem langen Leben lesen kann? Ausgerechnet das vor-
elektrische Zeitalter, in dem die Dunkelheit sich nur schwer und
kostspielig aufklären ließ, war auch das Zeitalter der Stampomanie, der Sucht, gedruckt zu werden und zu drucken, die Autoren und Verleger gleichermaßen ergriff. Dieser Sucht fiel, wie
unzählige andere, auch der schreibende Freiherr zum Opfer.

In der Lese- und Schreibgesellschaft des ausgehenden
18. Jahrhunderts ist Knigge das Imprimatur in Person — stets fertig zum Druck —; er gehört zu den Fleißschreibern, denen die
Tinte nicht trocken wird, und wenn man aufzählen sollte, worüber er alles geschrieben hat, dann käme man am schnellsten
ans Ziel, wenn man kurz und bündig erklärte, worüber er nicht
geschrieben hat. Entwaffnend ist die Hauptlehre, die er aus seinem wirklich komischen Roman der »ländlichen Szenen und
lachenden Bilder«, Die Reise nach Braunschweig, zieht, und die lautet,
»dass, wenn ein Autor nur Leute findet, die ein solches Buch
verlegen und lesen wollen, er leicht mit der Beschreibung einer
dreytägigen Reise sechzehn gedruckte Bögen anfüllen könne.«

Das ist nichts Besonderes in dieser Zeit, in der ein Brief so lang war wie heute zwei Kurzgeschichten: Lichtenberg setzt sich hin und schon ist ein Bogen voll und er ist immer noch beim Wetter, und Jean Paul schreibt noch länger und noch viel mehr und entschuldigt sich bei seinem Adressaten: Um einen kurzen Brief zu schreiben, fehlt ihm einfach die Zeit.

Über den Büchernachdruck haben Kant und viele andere und auch Knigge resignierend geklagt, aber den ebenfalls nicht ganz ungefährlichen Büchervordruck hat Knigge selbst nach Kräften befördert. So viel lässt er von sich drucken, dass man ihn auch für den Urheber der wenigen Schriften hält, die er nicht geschrieben hat, aber wenn man hinter dieser Stampomanie – ich mag das Wort, ich kenne es noch nicht lange – nichts als Autoreneitelkeit vermutet, dann schließt man von sich auf andere. Denn Knigge unterschreibt keineswegs alles, was er schreibt, mit seinem Namen, und der meistgelesene Autor der Epoche ist bekanntlich der berühmte Anonymus. Wir nähern uns zu Leb- und Todeszeiten Knigges erst allmählich dem, was sich im Englischen präziser ausdrücken lässt als im Deutschen: *The Coming of Signature.*

Schreiben, um zu leben

Was die Themen angeht, so lässt sich Knigge von nichts und niemandem abschrecken und anstecken beinahe von allem und jedem. Wenn der große Lessing 1777 über die *Erziehung des Menschengeschlechts* schreibt, ist dies kein Grund für Knigge, diesen jugendlichen Gernegroß, es dem Wolfenbütteler Bibliothekar nicht nachzutun und sich ein Jahr später einem ebenfalls nicht ganz kleinen Thema zu widmen: *Allgemeines System für das Volk zur Grundlage aller Erkenntnisse für Menschen aus allen Nationen, Ständen und Religionen.* Es ist Knigges Erstlingswerk. Kann ein Buch mit diesem Titel originell sein? Man fragt sich, ob sein einstiger Göttinger Hausgenosse wohl auch an Knigge gedacht haben mag, als er

einmal boshaft, und ohne Namen zu nennen, feststellte, ein
großes Licht sei der Mann freilich nicht, wohl aber ein guter
Leuchter für andrer Leute Meinungen – aber man frage es sich
besser leise, denn laut wird einem der Kenner mitteilen, Lichtenberg habe spitzzüngig wohl nur das wiedergegeben, was bei
Knigge ein wenig runder und treuherziger heißt: »Sei lieber
das kleinste Lämpchen, das einen dunklen Winkel mit eigenem
Licht erleuchtet, als ein großer Mond einer fremden Sonne oder
gar Trabant eines Planeten.«

Knigge hat seine Dürreperioden, er ist kein allzeit frucht-
bringender Autor, aber entwaffnend ist er allemal. Wo man ihn
kritisieren will, ist er meist schon mit selbstkritischem Schritt
vorausgegangen. Seine Schriften nennt er die Sünden, die er
sich nicht vergibt, und über seine Vielschreiberei, die Poligra-
phie, spottet er selbst am meisten. So manches Mal hat man den
Eindruck, hastig habe er ein Buch nur geschrieben, um sich
umgehend davon zu distanzieren – natürlich in einem neuen
Buch. Knigge der Autor war stets voller Reue und zur Buße nie
bereit. Aber: Es blieb ihm gar nichts anderes übrig, Knigge war
ein Unterhaltsautor, er musste auch schreiben, um zu leben.

Oft wirkt Knigge wie ein umgekehrter – und ihm gerade
deswegen nicht ganz fremder – Lichtenberg. Während Lichtenberg spottete, ein Buch sei wie ein Spiegel und kein Mensch
könne aus ihm herausschauen, wenn ein Affe hineinblicke,
schaut Knigge, der Mensch, in die holländische Übersetzung
seines *Umgangs mit Menschen* und sieht sich selbst als Frontispiz –
»Mein Pavians = Gesicht«. Es sind seine eigenen Worte. In diesem Zeitalter der Reflexion und der oft quälenden Selbstbeob-
achtung dürften nicht viele Betrachter in ihrer Selbstironie so
weit gegangen sein, aber wir wollen die Selbstkritik des Barons
auch nicht überschätzen. Dies ist schließlich die Zeit, in welcher
der Mensch im Affen, wenn auch noch nicht seinen Urgroßva-
ter, so doch bereits seinen Vetter erkennt. Während Knigge in
sein Buch, also in den Spiegel blickt, starrt in der Menagerie
von Versailles der Kardinal de Polignac dem großen Orang-Utan

ins Antlitz und erschrickt, und wie von einer höheren Kraft getrieben tönt es aus des Kirchenmannes Mund: »Sprich, und ich taufe dich!«

Komik im kleinstädtischen Deutschland

Sie sehen, meine Damen und Herren, vermutlich längst Anlass zur Klage, dass der bisherige Ton meines Gedenkens weder der Feierlichkeit des Anlasses noch dem Ernst des Ortes angemessen sei. Aber was man, Yoricks Schädel in der Hand, am offenen Grabe sagen darf, wird man, so nahe an Knigges Grabmal, wohl auch sagen dürfen: Der Baron – der über seine »eigentümlich frohe Laune« selbst am meisten staunte – lebt vor allem da für die Nachwelt weiter, wo er sich als ein Bursche von vielleicht nicht unendlichem, aber für deutsche Verhältnisse doch erstaunlich ernstzunehmendem Humor erweist.

Knigges Lebensspanne umfasst das ernste und bis in unsere Gegenwart folgenreiche Zeitalter der Kritik und der Krise, es ist die Periode der Pädagogik und der Philanthropie und des Pietismus, die frühe Ära der deutschen *lumières* und der bayerischen Illuminaten, es ist die hohe Zeit der Humanität und der Klassik, an jedem Höfchen kommt sich ein Tintenspritzer wie der Tasso seines Saeculums vor, und Iphigenie, unsterblich, hat den Weg von Tauris nach Thüringen gefunden. Aber dies ist auch eine komische Zeit: Wo die Zeitgenossen ein Problem sehen, ist oft ein Scherz verborgen, und nicht immer folgt auf Scherz, Satire und Ironie eine tiefere Bedeutung.

Das in zahllose Kleinstaaten und Kleinstädtchen zerfaserte Deutschland ist unendlich komisch in seinen ameisenhaften Ambitionen, die sich in allen Ländereien und Ländchen finden – man lebt wie Herr Weishaupt, der Illuminat, in Ingolstadt im Bayerischen und nennt sich Spartacus –, und von dieser wirklichkeitstrunkenen Komik werden, manches Mal nach Plan, doch meist ohne jede Absicht, auch die Schriften des

Freiherrn geprägt; bei ihm muss man sich längere Zeit in Bop-
fingen aufhalten, Müller schreibt Briefe an Meyer, und kaum
hat man Herrn Schaafskopf oder Herrn Wurmbrand hinter sich,
trifft man bereits auf Frau von Donnersgrund. Das ist hie und
da komisch, aber nicht immer zum Lachen, denn dort, wo die
Sprachmacht eines Jean Paul Kuhschnappel zur großen Welt und
Siebenkäs zum *honnête homme* macht, und hier, wo Lichtenbergs
extrascharfer Witz noch den Hogarth zuspitzt, bleibt zu langen
Weilen Knigges »unbiegsame Kandidatenprosa« (Lichtenberg)
Prosa eben – und nicht viel mehr. Wenn man sie hat lesen müssen, wird man dies wohl sagen dürfen.

Abschreckungsprosa und Reiselust

So reist Knigge durch deutsche Lande, und wo wir uns
heute nach Stunden immer noch unter der Autorität der gleichen Autobahnmeisterei befinden, da hat er schon mehrere
souveräne Staaten hinter sich. Die Städte und die Währungen
wechseln, die Höfe und die Schranzen bleiben sich gleich und
man hat nicht den Eindruck, dass es je besser werden könnte,
und wenn der Baron seine Reise- und Karrierepläne macht,
wirkt er auf uns im Rückblick wie jemand, der vor dem Kurs-
buch sitzt und überlegt, wie er wohl am schnellsten von Regen
nach Traufe kommt.

Knigges Anleitungen zum Reisen sind ein herausragendes
Exempel deutscher Abschreckungsprosa. Dies sind einige der
Erwartungen, die man, ihm zufolge, in deutschen Landen
hegen darf: Die Reisegenossen, mit denen man stunden- und
oft tagelang in einem Kutschkasten sitzen muss, sind langweilig
und verdrießlich; die Postknechte zeichnen sich durch ihre Flü-
che und ihre Grobheit aus und die Postillone sind bestochen –
oder umgekehrt, was keinen Unterschied macht –; die Schiffer
betreiben Schleichhandel; Handwerker und Chausseeaufseher
wollen ohne Ausnahme nur betrügen; Bauern, auf Hochdeutsch

nach dem Weg gefragt, leiten einen plattdeutsch in die Irre, und wenn man müde endlich seine Herberge gefunden hat, ist der Gastwirt zänkisch, die nichtgeschmierten Öfen rauchen, das Bier schmeckt schal, der Wein ist gepanscht, die Betten sind zu kurz und die Kissen raffiniert mit dunkelblauen Überzügen versehen, damit man den Schmutz des Vorschläfers nicht sofort wahrnimmt.

Ob der Baron Knigge wirklich so gereist ist? Trotz des Gesagten und bitter von ihm Beklagten gehören die Reisebeschreibungen zum Erfrischendsten, was Knigge geschrieben hat; das geometrisch geplante Mannheim schreckt eher ab, weil es auf ihn wirkt wie ein Waffeleisen, aber Hanau und Hannover und Heidelberg – ich bleibe bei einem einzigen Buchstaben seines philosophischen Baedekers – sind allesamt Höhepunkte, und von seiner Begeisterung für die Hansestädte darf hier in Bremen nur deswegen nicht ausführlich die Rede sein, weil Knigge – man kann es nicht verschweigen – ganz vernarrt in Hamburg war.

La cour et la ville – die Franzosen sind sehr stolz auf ihren doppelten Pariser Singular, auch wenn nicht ausgemacht ist, ob dadurch die französische Provinz nicht noch provinzieller geworden ist als die deutsche – denn wo es keine wirkliche Metropole gibt, da gibt es möglicherweise auch keine richtige Provinz. La cour et la ville – zwei Male will Knigge wirklich hoch hinaus und sucht sowohl um Anstellung beim Großherzog von Sachsen-Weimar als auch beim preußischen König nach, doch beide Male scheitert er. Hier erhält er einen nichtssagenden Absagebrief und einen nichtsnutzigen Titel dort. Und damit sind die einzigen, wirklich bedeutenden macht- und geistespolitischen Optionen, die Deutschland damals zu bieten hat, für ihn bereits früh verspielt. So kommt es – ein deutsches Schicksal –, wie es kommen muss: Wer in Weimar und Potsdam nichts wird, für den bleibt, hat er bei allem Unvermögen wenigstens eine Schwiegermutter mit einem Gut, immer noch Nentershausen.

Ironie und Selbstbewusstsein der Provinz

Aber es hat – wir merken es heute, im Zeitalter von Internet und Cyberspace, deutlicher als vor Jahrzehnten, als unsere Fernseher nur zwei Kanäle hatten – es hat etwas Eigentümliches, weil eigentümlich Vorgreifendes und fast Utopisches auf sich mit der hohen deutschen Provinzialität im 18. und 19. Jahrhundert. Man kann sein Leben darüber verjammern, Genie in einer Kleinstadt zu sein, oder sich als Datterich in der Illusion wiegen, in Darmstadt wehe der Duft der großen weiten Welt, aber man kann auch, wie spielerisch, in die geistige Offensive gehen und nicht nur aus der Beschränkung das Beste machen, sondern gleichzeitig und voll Ironie die Beschränktheit all dessen entlarven, was sich weltweit für das Beste nur hält.

Diese raffinierte Ironie des Intérieurs steckt in Kant, der zur unabdingbaren Voraussetzung der Menschenkenntnis die Weltkenntnis und also das Reisen erklärt, aber dies alles, sich nicht vom Fleck rührend, von Königsberg aus propagiert, der großen Stadt am Pregelfluss, wie er sie nennt, die das Reisen ganz unnötig macht; diese Ironie steckt in E.T.A.Hoffmann, der den Vetter von seinem Eckfenster aus die Mechanismen des Marktes eben so gut erkennen lässt wie den weltgewandten *habitué* der internationalen Handelsplätze; diese wie punktförmig zugespitzte, auf sich konzentrierte, dem eigenen Selbst vertrauende und mit der großen Welt stets spielende Ironie findet sich bei Lichtenberg in seiner Göttinger Stube und in Bayreuth bei Jean Paul in seiner Rollwenzelei – Gameboys der sich nun langsam immer rasender beschleunigenden Moderne sind sie allesamt, diese Quintus Fixlein und Ehren Schottenius, die stets in sich gekehrt wirken, aber sich insgeheim ins Fäustchen lachen, weil sie wissen: Auch von ihrem Platz aus beherrschen sie das Betriebssystem, das ihnen die Welt und sie selbst der Welt ganz nahe bringt.

Gewiss: Hier werden, tatenarm und gedankenvoll, in Thüringen wie in Franken, in Sachsen wie in Niedersachsen, die unerreichbaren Trauben als sauer verschmäht. Denn die Epoche der Klassik in unserem Lande war auch die hohe Zeit der Kompensationslust, in der die Deutschen anfingen, die Kultur zu überfrachten und die Politik zu unterfordern. Aber ich bin überzeugt davon: Wir werden auf die deutsche Kulturprovinz des *Dixhuitième* mit ihrer Weltkultur noch einmal mit Sehnsucht schauen, wenn uns in unserem Globalisierungswahn endlich aufgeht, für wie viele universale Probleme wir lokale Lösungen finden müssen.

Von der spielerischen Selbstgenügsamkeit und vom Selbstbewusstsein dessen, der dort Kosmopolit ist, wo er Kosmopolit sein will, steckt auch etwas im Freiherrn von Knigge. Im wahren Roman seines Lebens spielt die Rolle des hochgestimmten und kleingesinnten Provinzlers Friedrich der Große, wenn er den um Anstellung bittenden *étranger* Knigge – natürlich schreibt er an ihn in seinem schlechten Französisch – schon nach drei Tagen wissen lässt, vorrangig müsse er seinen *sujets*, seinen untertänigen Landeskindern, Anstellung verschaffen, und seit langem schon becourt der König Voltaire und hatte doch einst einen Maupertuis zum Präsidenten der Preußischen Akademie der Wissenschaften gemacht.

Immer zu spät und immer in Hast

Die kurze Zeit, in der Knigge Eltern hat, verbringt er mit ihnen auf großem Fuß – und dann lebt er eigentlich nur noch von der Hand in den Mund. Kaum ist er mit vierzehn Jahren Vollwaise, wird ihm der hochverschuldete elterliche Grund und Boden unter den Füßen weggezogen. Er ist auf sich alleine gestellt und könnte, fände er nur die rechte Anleitung, schon früh zum Selbstdenker werden. In Hannover aber wundert sich der Kammersekretär Augsburg über das geringe Wissen und die stolze Zuversicht, die sich in dem jungen Mann miteinander verbinden – als ob das erste nicht die Voraussetzung des zweiten wäre! Knigge erfährt die engen Grenzen seiner vermeintlichen Kenntnisse und gelobt Besserung und startet eine Wissensaufholjagd und von da an eilt er wie ein Perpetuum Mobile über das Land und durch das Leben, angetrieben durch das nicht enden wollende Wechselspiel von Überschätzung und Selbstkritik.

Am Ende des 18. Jahrhunderts wird der Durchschnittsdeutsche noch nicht einmal 30 Jahre alt. Knigge wird 15 Jahre älter. Aber: Jean Paul wird 62, Klopstock 79 und Wieland wird 80, und als der 44-jährige Knigge stirbt, hat der 47-jährige Goethe noch 36 Jahre vor sich. Die zweite Hälfte seines kurzen, so lange Zeit von »heftigem cörperlichen Leiden« geplagten Lebens verbringt Knigge in jener Umbruchperiode der Spätaufklärung, die auf unerhörte Weise zwei Jahrhunderte miteinander verkettet. Es ist die Zeit, welche die Geschichte entdeckt und in der durch Erfindungsreichtum und Erfahrungszuwachs nicht nur alle wissenschaftlichen Disziplinen, sondern auch die alltäglichen Lebensweisen der Menschen und ihre herkömmlichen Formen der Lebensführung unter einen unerhörten Beschleunigungsdruck geraten.

Knigge erfährt diesen Druck im eigenen Leben und am eigenen Leibe. Wie jedermann wirkt auch er frühreif und altklug in dieser Zeit, in der Eltern und Pädagogen ihr Bestes tun, um ihre Kinder und die Kindheit schnell ins Jugend- und noch schneller ins Erwachsenenalter zu treiben. Das Zeitbudget des erwachsenen Knigge ist beeindruckend und das Zeitregiment, dem er sich unterwirft, ist unvorstellbar streng. Dennoch kommt er – eine Unruhe ohne innere Uhr – selten zur Zeit, weil er, wie er gesteht, immer gerade dabei ist, eine Torheit zu begehen oder eine andere wieder gut zu machen. Vollendet verkörpert Knigge die deutsche, die verspätete und daher stets übereilte Nation, und mit Helmuth Plessner, ihrem präzisen Kritiker, möchte man, Knigge zum letzten Trost, ihm ins Grab nachrufen: »Man kommt immer noch früh genug zu spät!«

Dilettantismus als Aufklärung

Knigge ist Aufklärer – und ein Aufklärer wie Knigge ist
stets auch Dilettant. Der Ausgang aus selbstverschuldeter Unmündigkeit wird von ihm nicht so sehr intensiv als vielmehr
extensiv und auf allen Gebieten zugleich versucht: Für den
Landwirt Knigge ist die Aufklärung eine Mehrfelderwirtschaft.
Seine größte Passion besteht darin, beständig die Profession
zu wechseln. Kant hatte nicht Quellen, wohl aber Hilfsmittel
zur Anthropologie Weltgeschichte, Biographien, ja Schauspiele
und Romane genannt. Knigge, der Menschenkenner und der
Menschenkundler, fabriziert diese Hilfsmittel nach Bedarf alle
selbst.

Hat er es mit dem Theater zu tun, deutscht er fremde Stücke ein und verfremdet deutsche durch die Kniggesche Drama-
turgie, und wenn auch diese nicht hilft, schreibt er seine Stücke eben selbst – das Schulmeisterlein Wutz lässt grüßen – und
spielt auch noch Theater. Vom Leben auf die Bühne ist es für
ihn nur ein Schritt. Fromm und erbaulich gestimmt, verfasst er
Predigten und beneidet mit Bestimmtheit sein eigenes Roman-
geschöpf, Ehren Schottenius, Pastor aus Biesterberg, der nicht
weniger als 57 seiner eigenen Predigten nach Braunschweig
zum Druck befördern kann. Will Knigge einen Text im Original lesen, übersetzt er ihn; sind Instrumente oder ein Orches-
ter vorhanden, so komponiert er; mit beiden Beinen steht er
auf der Erde und kümmert sich um das Ballett; er kann Bücher
nicht nur schreiben – das kann fast jeder –, sondern er kann Bücher binden, Strümpfe stricken und Schuhe nähen; er leitet eine
Zeitlang die hessische Tabakindustrie und fabriziert – unsereins
kann das Wort kaum aussprechen – Meerschaumpfeifenköpfe
und hält vor einer auf sein Betreiben frisch gegründeten Gesellschaft für Agrikultur sofort einen Vortrag über den Zichorien-
baum, obwohl er die Zichorie vom Hafer kaum zu unterscheiden weiß. Überall will Knigge empirisch mitschwatzen, aber

intellektuell wird er nirgends so recht heimisch: ein Dilettant in
ständig wechselnder Diaspora.

Knigge kommt uns noch heute nahe durch die Distanz, die
er sich selbst, seinem Kopf wie seinem Leib gegenüber wahrt,
nicht durch Bescheidenheit – denn wahre Bescheidenheit
spricht sich in der Regel gar nicht aus, sie bleibt stumm –, sondern durch Eigenspott und Selbstironie. *Six sonates pour clavecin seul*
habe er komponiert, teilt er voller Stolz mit – und dies klingt
nun in der Tat aus seinem Munde wie heute ein Menü der Nouvelle Cuisine in einem niedersächsischen Landgasthof –, und
schnell setzt er hinzu: Die Sonaten seien auf extra starkem Papier gedruckt, »sehr brauchbar, um Schuhe und Stiefel darin
einzupacken«. In dieser Zeit der Mucker und der Miesepeter –
ein wenig vornehmer könnte man sie auch Melancholiker nennen – rührt der Baron Knigge durch die Heiterkeit, mit deren
Hilfe er widrigsten Umständen trotzt und in den letzten Jahren
seines Lebens gegen die immer mehr schmerzende, schließlich
todbringende Krankheit ankämpft.

Butzmütze und Bettwagen

Und wenn nur ein einziges Bild von ihm der Nachwelt in
Erinnerung bleiben dürfte, so sollte es das Bild seines Mutes
und seiner Unerschrockenheit und seiner aufrechten Haltung
sein, seiner Willenskraft in der Misere – das Bild des liegen-
den Knigge, Knigges Bild im Bettwagen, wie er sich zu seinen
Pflichten karren lässt. Zur Aufklärung gehört der aufrechte
Gang – und zur deutschen Aufklärung gehört der liegende
Baron, gehört, in seinem Bettwagen, Knigge.

Zur deutschen Aufklärung gehört aber auch, wir müssen
vom Leib zum Kopf zurück, die Butzmütze. In seinen Vorlesungen zur Pädagogik, die er zum ersten Mal im Wintersemes-
ter 1776/77 gehalten hat, diskutiert Kant die Frage, wie man
Kindern das Gehen beibringen könne: »Man sagt gemeinhin,

dass Kinder sehr schwer fallen. Außerdem aber, dass Kinder nicht einmal schwer fallen können, so schadet es ihnen auch nicht, wenn sie einmal fallen. Sie lernen nur, sich desto besser das Gleichgewicht zu geben und sich so zu wenden, dass ihnen der Fall nicht schadet. Man setzt ihnen gewöhnlich die sogenannten Butzmützen auf, die so weit vorstehen, dass das Kind nie auf das Gesicht fallen kann. Das ist aber eben eine negative Erziehung, wenn man künstliche Instrumente anwendet, da, wo das Kind natürliche hat. Hier sind die natürlichen Werkzeuge die Hände, die sich das Kind bei dem Fallen schon vorhalten wird. Je mehrere künstliche Werkzeuge man gebraucht, desto abhängiger wird der Mensch von Instrumenten.« Soweit Kant.

In der Praxis war Knigge seiner Tochter Philippine kein allzu guter Vater und in der Theorie allen Kindern ein ziemlich miserabler Pädagoge, aber auf die Gefahr hin, von den wahren Knigge-Experten über Knigges wahre Haltung zur Butzmütze belehrt zu werden: Kant liefert in seinen Vorlesungen zur Pädagogik die passende Metapher für die Aufklärung in Knigges Sinn. Es ist eine wagende Aufklärung, die in der Erziehung des Menschengeschlechts ohne Leitband und Gängelwagen auskommen will – Instrumente, gegen deren Gebrauch in der Kinder-, also Menschenerziehung Kant sich ebenfalls aussprach –, aber es ist zugleich, und nach dem Scheitern der großen Utopien muss dies heute nicht negativ klingen, keine überhebliche, wagemutige oder gar tollkühne Aufklärung. Der Ausgang aus seiner selbstverschuldeten Unmündigkeit wird vom Menschen ohne fremde Hilfsmittel versucht, aber zugleich werden von ihm Vorsichtsmaßnahmen ergriffen, um nicht zu sehr auf die Nase zu fallen. Knigge optiert – wie gut, dass Frankreich stellvertretend für seine Nachbarn die europäische Revolution gemacht und Deutschland davon entlastet hat! – für Reformen von oben anstelle der Revolution von unten; er hasst die Dummheitsapostel und die Despotenknechte, wie er sie nennt, aber er weigert sich zu glauben, man könne ihren schiefen politischen Blick dadurch heilen, dass man sie einen Kopf kürzer macht. Butzmütze und

Bettwagen – vorsichtig ist die deutsche Aufklärung, wie sie sich
in Knigge verkörpert – vorsichtig, aber nicht wehleidig und
unter Schmerzen kommt sie, langsam aber sicher, voran.

Im Zeitalter der Extreme

Knigge lebt im Zeitalter der Extreme; es sind Extreme, die
sich berühren: »les extrêmes se touchent«. Zur Zeit der *lumières*
und der Illuminaten hält sich so mancher für einen klaren Kopf,
der nur ein Schwarmgeist ist, aber auch Helldenker geben sich
oft genug krausen Gedanken und trüben Praktiken hin. Über
die Herstellung einer republikanischen Öffentlichkeit spricht
man in Geheimorden, die wenn nicht ständisch, so doch geis-
tesaristokratisch gegliedert sind und in denen sich in der Regel
mehr Besserwisser finden als Wissende. Es ist die Zeit der Ar-
cana und der Geheimbünde, aber etwas Kindisches haftet all
diesen Aktivitäten an: Intensiv muss man zunächst danach suchen, was zu verbergen sich lohnt, und man wird den Eindruck
nicht los, dass in diesen Zirkeln viele Dinge ihre Wichtigkeit
schon dadurch gewinnen, dass die Eingeweihten ihre Nichtig-
keit für sich behalten.

Knigge hat die Geheimorden die Krankheit seines Zeitalters genannt, aber von dieser Krankheit wurde er selbst so heftig angesteckt wie kein zweiter und hat sich nicht ungern von
ihr anstecken lassen. Knigge beherrscht den Jargon der Mystiker
und der Alchemie, doch wenn er abschätzig erklärt, für seine
alchemistischen Versuche nicht mehr als ein halbes Dutzend
silberner Kaffeelöffel hergegeben zu haben, sollten wir ihn für
seine sparsame Skepsis nicht vorschnell loben: Die empirische
Seite der Alchemie – die ja spekulativ nur in der Theorie, doch
wissenschaftlich im Experiment war – hat der Baron nur unge-
nügend zur Kenntnis genommen.

Es ist die Zeit der Aufklärung, aber es ist immer noch die
Zeit, in der man Briefe über die unfehlbare Heilwirkung von

Eidechsen wechselt, mit Hilfe von Mikroskopen demonstriert, dass Höllenflammen die Destillation bewirken, Galaexperimente veranstaltet und den Kaffee elektrisiert. 1752, im Jahr von Knigges Geburt, erblickt auch der Blitzableiter das Licht der Welt und Anders Celsius führt die Thermometerskala ein; als der *Umgang mit Menschen* erscheint, werden die ersten Innenräume in Deutschland und England versuchsweise mit Gas beleuchtet, haben Lavoisier und Berthollet längst die chemische Nomenklatur begründet, und Dampfmaschinen wirken in der Textilindustrie; und als Knigge stirbt, fährt in England die erste Pferdeeisenbahn, und Edward Jenner führt die Pockenschutzimpfung ein. Der gute Mond geht immer noch stille, doch jeder Spökenkieker benutzt jetzt ein Fernrohr, und dem rechnenden Menschen sind die Abstandsgesetze der Planeten bekannt.

Mores lehren

Fürchten Sie nichts, meine Herrn und Damen – ich bin fast schon am Ende meiner Zeit und damit endlich beim Thema: *Benimm und Erkenntnis*. Benimm ist ein seltenes und seltsames Wort, nach Auskunft der Lexika wird es nur noch scherzhaft für »Benehmen« gebraucht, für das, was man zu Knigges Zeit auch den »esprit de conduite« nannte. Benimm ist komisch und Benimmbücher sind es erst recht – wie der »Knigge« eben, denn, wir müssen es zugeben, der Gattungsname, den der Frei- und Taufherr geprägt hat, ist ein humoristischer, zum Schmunzeln verleitender, auch ein gefährlicher Terminus: er hat vergessen lassen, dass sich dahinter ein Autor verbirgt. In der Tat ist der »Knigge« komisch in seinen Kleinigkeiten und Kleinlichkeiten: Man soll nichts in fremde Höfe oder Gärten schütten, sich beim Ausruhen nicht zu nahe an die Straße unter einen Baum legen, eher Kaffee als Branntwein trinken, nicht mehreren Frauenzimmern zur gleichen Zeit huldigen, Friseuren keine Geheimnisse anvertrauen und vor allem nicht vergessen, sich schon früh im

Leben einen Lebensplan zu machen und dann »nicht um ein Tüttelchen« von diesem Plan abzuweichen: »Hätte dieser Plan auch allerlei Sonderbarkeiten – die Menschen werden eine Zeit-lang die Köpfe darüber zusammenstecken und am Ende schwei-gen, Dich in Ruhe lassen und Dir ihre Hochachtung nicht ver-sagen können!«

Man kann dem Freiherrn seine Hochachtung nicht versa-gen: Im Jahr vor der Französischen Revolution in Deutschland ein System überständischer Verhaltensregulierung zu entwer-fen, war eine originelle und couragierte, eine revolutionäre Tat. Nicht zuletzt deshalb erschien ihm zu recht, wie Knigge ohne falsche Bescheidenheit sagte, der Gegenstand seines Buches als groß und wichtig. Den Autor Knigge mit einem Castiglione, La Bruyère oder La Rochefoucauld zu vergleichen, wäre unfair und zeugte nicht von historischem Sinn. Aber den *Umgang mit Menschen* darf man in die Tradition der Moralistik stellen, so wie das Deutschland der kleinen Städte und der kleinen Höfe Teil einer Geschichte ist, die in europäischer Perspektive von *la cour et la ville*, vom Hof und von der Metropole, geprägt wird.

Knigge ist modern gerade dort, wo er auf Anhieb ganz verzopft wirkt. Er hält daran fest, dass zwischen Verhalten und Wissen, zwischen Moral und Wissenschaft ein enger Zusam-menhang besteht: Benimm und Erkenntnis. Uns muss das heute komisch vorkommen, weil man uns schon als Studenten beige-bracht hat, dass Erkennen und Handeln nichts miteinander zu tun haben. Die Wahrheit in den Wissenschaften zu finden ist eine Sache, nach den Prinzipien des guten Lebens zu suchen, ist eine ganz andere. Immer stärker aber beginnen wir, über die Folgen dieser Trennung nachzudenken und uns zu fragen, ob das *savoir faire* und das *savoir vivre* nicht doch enger zusammenge-hören.

Die Entmoralisierung der Wissenschaften – eine lange Ge-schichte. Der Freiherr von Knigge ist dafür kein guter Zeuge: Er hat keine Möglichkeit gehabt, die neuzeitliche Wissenschaft-sentwicklung angemessen zur Kenntnis zu nehmen. Tauchen

Wissenschaftler in seinen Büchern auf, so sind es meist komische Figuren, an ihnen zeigen sich vor allem, wie Kant es
ausgedrückt haben würde, die großen Albernheiten einer fehl-
greifenden Urteilskraft. Das folgende Porträt ist für Knigges Ein-
stellung bezeichnend und, wir Betroffene müssen es zugeben,
noch heute typisch:

> »Ein Professor, der in der literarischen Welt eine nicht ge-
> meine Rolle spielt, meint in seiner gelehrten Einfalt, die
> Universität, auf welcher er lebt, sei der Mittelpunkt aller
> Wichtigkeit, und das Fach, in welchem er sich Kenntnisse
> erworben, die einzige dem Menschen nützliche, wahrer
> Anstrengung allein werte Wissenschaft. Er nennt jeden,
> der sich darauf nicht gelegt hat, verächtlicher Weise einen
> Belletristen; einer Dame, die bei ihrer Durchreise den be-
> rühmten Mann kennen zu lernen wünscht und ihn desfalls
> besucht, schenkt er seine neue, in lateinischer Sprache ge-
> schriebene Dissertation, wovon sie nicht ein Wort versteht;
> er unterhält die Gesellschaft, welche sich darauf gefreut
> hatte, ihn recht zu genießen, bei der Abendtafel mit Zerglie-
> derung des neuen akademischen Kreditedikts, oder, wenn
> der Wein dem guten Manne jovialische Laune gibt, mit Er-
> zählung lustiger Schwänke aus seinen Studentenjahren.«

Anwälte des intellektuellen Anstands:
Knigge und Diderot

Der Freiherr von Knigge ist kein verlässlicher Zeuge der
neuzeitlichen Wissenschaftsentwicklung, aber er ist der immer
noch lesens- und bedenkenswerte Anwalt einer, wie es scheint,
verlorenen Sache: der Auffassung, dass Benimm und Erkenntnis,
sagen wir jetzt: Anstand und Erkenntnis, nichts einander Frem-
des sein müssen, dass sie sich ergänzen und sogar wechselseitig
verstärken können. Knigge hat, wie so viele, geglaubt, sich zwischen Voltaire und Rousseau entscheiden zu müssen, und die

Entscheidung für Rousseau ist ihm nicht schwergefallen. Er hat eine Fehlentscheidung getroffen. Vor die Wahl zwischen Voltaire und Rousseau gestellt, hätte Knigge sich besser für einen Dritten entschieden, für den Anwalt des intellektuellen Anstands: für Diderot.

Charakteristisch für Diderots Bild vom Aufklärer – und darin hätte sich der Freiherr von Knigge, der deutsche Edelmann, nicht als *bourgeois* wider Willen, sondern als *citoyen* aus freien Stücken wiedererkannt – ist das hohe Maß an Selbstverpflichtung. Diderots Intellektueller wohnt nicht im Elfenbeinturm, die Alltagswelt ist für ihn kein Exil. Da er weiß, dass der Mensch nur in Gesellschaften leben kann, will er seine eigene Soziabilität voll entwickeln, seinen Mitmenschen gefallen und sich nützlich machen. Die Bürgergesellschaft ist für ihn verehrenswert wie eine irdische Gottheit, er kennt ihre Prinzipien – den Umgang mit Menschen – besser als jeder andere, in ihrer Vervollkommnung sieht er sein höchstes Ziel. So wird die stets drohende Selbstüberschätzung des Intellektuellen domestiziert und aus der Weltfremdheit des Gelehrten wird die Verpflichtung zum öffentlichen Wohl. Der Anstand gebietet dem *philosophe*, seine höhere Erkenntnisfähigkeit zum Wohle aller zu nutzen. Gelegentlich klingen die Worte Diderots wie ein Echo Spinozas, der von sich gesagt hatte, da er Atheist sei, wolle er wenigstens wie ein Heiliger leben.

Die Geschichte der neuzeitlichen Erkenntnis ist auch die Geschichte der modernen Intellektuellen und ihrer Selbstüberschätzung. Sie ist, wie jede Geschichte, zugleich ein Versuch zu vergessen. Nach Diderot ist von jenem Anstand kaum die Rede mehr, der die Selbstüberschätzung des Intellektuellen kontrolliert und ihn damit zum Wächter der Bürgergesellschaft macht. Knigge gehört zu denen, die nicht nur von Benimm, sondern von Anstand in dem hier gemeinten Sinn gesprochen und die versucht haben, dem Menschen beizubringen, sich in der *civil society* korrekt zu benehmen und zivilisiert, das heißt, anständig darin zu leben.

Verben und Substantive auf
Knigges virtuellem Grabstein

Hier stehe ich vor Knigges Grab. Wie könnte ich nicht daran denken, was er über Anlässe wie diese Gedenkfeier gesagt hat: »Bei Sterbebetten, Geburtsfesten und andern solchen Gelegenheiten enthalte Dich aller steifen, feierlichen Akte, prunkvollen Deklamationen und Theaterszenen! Solche Pedantereien und Förmlichkeiten machen doch keine bleibenden Eindrücke, sind mehrenteils für den leidenden Teil ermüdend und für jeden Dritten äußerst langweilig.«

Zu spät.

Neben Knigges wahrer Grabplatte hier im Dom gibt es noch einen virtuellen Grabstein, dessen Inschrift Knigges Freund, der Domkantor Müller, entworfen hat, einen langen, fremd klingenden Text, der mit den Worten beginnt: »Heiligen Schauers raste, Biederpilgrim! Unter diesem ersten Steine schlummern die irdischen Ueberbleibsel des unsterblichen Knigge« und der, nach mancherlei umweghaften Preisungen, mit den Worten endet: »Der Nachwelt Nachwelt wird seine Menschenkenntnis kennen, lesen, üben; Lehrerwitwen und Waisen, Wissensdurstes herwallende Jünglingsschaaren werden ihn lieben und preisen mit seinem Freund Magister Müller. d. 12. Mai 1796.«

Müllers Text deckt kein Grab, doch wirkt er, als Einblattdruck erhalten, auf uns wie eine Ruhmes- und Lobesplatte. Das ein wenig geschwätzige Dokument weckt Rührung und leisen Humor im Betrachter – die angemessene Stimmung, um sich Knigges zu erinnern. Auf vielen Grabplatten der Großen dieser Welt stehen nur ihr Name und ihre Lebensfrist – Zeichen einer monumentalen Bescheidenheit, die voraussetzt, dass auf alle Zeiten der Betrachter wissen wird, wer da begraben liegt. Es sind Grabplatten, die wirken wie der Titel eines Buches, das man kennen muss. Von Knigges Buch weiß jeder, wer aber kennt es und wer will von Knigge noch etwas wissen? Seine virtuelle Grabplatte ist in ihrer Wortfülle bescheiden, weil sie glaubt, durch den Mund eines Freundes einer unwissenden Nachwelt so vieles sagen zu müssen.

In der Regel konzentrieren sich Grabinschriften auf Verben oder Substantive. Im feierlichen Text des Magisters Müller tummeln sich die Haupt-, die Tätigkeits- und die Eigenschaftswörter zugleich: Ein Bürgerfreund, Aufklärcr, Völkerlehrer wird hier gepriesen, der dachte, schrieb und waltete. Programm und praktisches Tun, Idee und Anstand, Benimm und Erkenntnis. Nicht zum Spekulieren, zum Wirken ist die Welt, hat Knigge einmal gesagt. Karl Marx sagte nichts anderes, und nannte es die 11. These über Feuerbach und veränderte damit, ob er es nun gewollt hat oder nicht, auf schreckliche Weise die Welt.

Hat der Freiherr von Knigge die Welt verändert? Wohl kaum. Er hat versucht, seine Welt und die Menschen in ihr zu bessern und durch Denken und Tun selber ein besserer Mensch zu werden. Da liegt er nun in seinem Grabe, seit 200 Jahren, doch wer uns heute noch zu denken gibt, bei dem müssen wir uns heute noch bedanken, der ist zwar tot, doch nicht vergessen: Adolph Freiherr Knigge, ein deutscher Aufklärer ohne Wenn und Aber. Es tut gut, sich an ihn zu erinnern, wir haben so wenige davon.

III. »Alles interessiert, aber wenig erfreut mich«
Fontanes Wanderungen
durch Preußens Widersprüche

Der Gründer Preußens war klein und verwachsen und von gewöhnlicher Physiognomie. Er verwechselte Eitelkeit mit Größe, hielt sich mehr an asiatischen Prunk als an europäische Prinzipien und »verschacherte das Blut seines Volkes an Engländer und Holländer, wie die schweifenden Tartaren ihre Herden den Metzgern Podoliens für die Schlachtbank verkaufen«. Den Königstitel erstrebte er nicht zuletzt, um die Prachtentfaltung seines Hofes ins Maßlose zu steigern. Ostpreußen und Litauen gab er der Hungersnot preis und beschenkte zugleich den Jäger, der ihm einen kapitalen Hirsch vor die Büchse getrieben hatte, mit einem Gut im Wert von 40 000 Talern. Groß im Kleinen und klein im Großen, war er abergläubisch und zugleich Christ: »Er hat auch ein Gebetbuch verfasst, das aber zu seiner Ehre nicht gedruckt worden ist.«

Bitter und böse zieht mit diesen Worten der Enkel über den Großvater her: Friedrich der Große über den brandenburgischen Kurfürsten Friedrich III., der sich am 18. Januar 1701 in Königsberg als Friedrich I. zum ersten König in Preußen krönte. Friedrich der Große war ungerecht. Er wollte ungerecht sein. Er musste den Großvater als Staatengründer klein zeichnen, um der Welt zu zeigen, dass Preußen weder von der Natur noch von der Geschichte auserwählt war, schon bald nach seiner Gründung zu einer Macht in Europa zu werden, welche die alten Großmächte fürchten mussten.

Der zum Staat gewordene Widerspruch

Das Außergewöhnliche an Preußen war die Unwahrschein-
lichkeit seiner Karriere. Preußen war nicht, wie Heinrich Heine
giftete, einzig darin, dass es der Tartüffe unter den Staaten war.
Jede europäische Großmacht hat zuzeiten diese Rolle gespielt.
Mehr als jeder andere Staat aber wurde Preußen durch Zwei-
deutigkeiten und Ambivalenzen geprägt – von Hardenberg, der
Anfang des 19. Jahrhunderts »demokratische Grundsätze in einer monarchischen Regierung« als dem Zeitgeist angemessen
ansah, bis zu Wilhelm II., dem letzten deutschen Kaiser, der an
der Schwelle zum 20. Jahrhundert Deutschland mit vormo-
dernen Mitteln modernisieren wollte. Statt auf »Geld, Klugheit,
Begeisterung« setzte er dabei, wie der alte Fontane 1897 klagte,
auf Grenadierblechmützen, Medaillen, Fahnenbänder und einen
armen Landadel, der ihm durch dick und dünn folgen würde.

Preußen – das war der erst zum Staat, dann zum Reich
gewordene Widerspruch. Alles war zweischneidig in diesem
Soldaten- und Beamtenland. Niemand hat darunter mehr ge-
litten und hat zugleich der konstitutionellen Ambivalenz Preußens treffenderen Ausdruck verliehen als Theodor Fontane, der
preußische Dichter französischer Herkunft, der vernarrt war in
alles Englische. An glücklichen Tagen hat Fontane auf die Zweischneidigkeit Preußens mit heiterer Ironie und in traurigen
Stunden mit beißendem Zynismus reagiert. Berlin und der mär-
kische Sand kamen ihm vor wie eine »Schule der Zweideutig-
keit«. In ihr hatte ein eigentümlicher, aus »Pflichttrampeln und
Dienstknüppeln« bestehender Menschenschlag gelernt, aus der
letzten Nummer Deutschlands seine erste zu machen. Preußen
war, wie schon Friedrich der Große betont hatte, nicht durch
die Vorsehung Gottes, sondern durch die Anstrengung seiner
Menschen geschaffen worden.

Dichter noch als in den *Wanderungen durch die Mark Brandenburg*
und in seinen Romanen mischen sich in den Briefen Fontanes

Liebe und Distanz zu Preußen. Er konnte schreiben, als ob er in der Schlacht bei Kunersdorf mitgefochten hätte, und bewahrte sich doch in Krieg und Frieden seine »Soupçon-Natur«. Fontane wollte, seinen eigenen Worten zufolge, weder ein Orlando furioso noch ein Charakterfatzke, kein Dollbregen und auch kein Prinzipienreiter sein. Deshalb reagierte er auf einen Staat voller Gegensätze und auf ein widersprüchliches Sozialmilieu stets mit der Kunst des Kompromisses. Nur ein in der Wolle gefärbter Konservativer wie er konnte ohne Ressentiment mit den Traditionen Preußens spielen. Und deshalb ist Fontane der vertrauenswürdigste Kronzeuge in dem neuerlichen Prozess, der Preußen dreihundert Jahre nach seiner Gründung gemacht wird.

Lichtstümpfchen aufheben

Nicht dass Fontane unparteiisch wäre! Im Gegenteil – nicht nur beobachtend, sondern urteilend mischt er sich in die preußischen Angelegenheiten. Dieser Staat rückt ihm stets hautnah auf den Leib. Kaum ein paar Dutzend der abertausend Briefe Fontanes gibt es, in denen nicht von der Mark und von Brandenburg, von Preußen oder vom Deutschen Reich die Rede ist.

Altpreußische Prinzipien – »nur nicht krank sein, nur nicht ausspannen, nur nicht den Pensions-Gedanken aufkommen lassen« – halfen ihm, einen Alltag, der oft von Armut, aber nie von Misere bedrückt war, mit öffentlichen Maximen in Einklang zu bringen. Kummer und Kümmerlichkeiten ließen sich leichter ertragen, wenn man wusste, dass die drei letzten Hohenzollern – Friedrich Wilhelm III., Friedrich Wilhelm IV. und Wilhelm I. – Lichtstümpfchen aufhoben, so sparsam waren sie. Und auch über die Langeweile in Berlin, das sich nun einmal mit London und Paris nicht messen konnte, ließ sich hinwegkommen: Zwar hatte die Nation nur einen Heiligen – den Eckensteher Nante –, dafür aber Gott sei Dank auch keinen Großinquisitor.

Sympathisch an Preußen war nicht zuletzt, dass es in diesem Staat lange Zeit zum Hauptstadtfimmel keinen Anlass gab. In der Berliner Schnoddergesellschaft galt das »nil admirari« als Leitidee. Nichts stand in der Schätzung der Berliner so niedrig wie das Patriotische. Der Durchschnittsberliner war unausstehlich und ohne jede Grazie in seiner platten Vertraulichkeit. Doch erst als Preußen an Bedeutung zunahm und zum Deutschen Reich heranwuchs, wurden auch die erwachsenen Berliner Angeber: »Die Stadt wächst und wächst, die Millionäre verzehnfachen sich, aber eine gewisse Schusterhaftigkeit bleibt, die sich vor allem in dem Glauben ausspricht: ›Mutters Klos sei der beste.‹«

Preußen achten und die Mark lieben

Aus Berlin ist Fontane geflüchtet, so oft er nur konnte und seine Finanzen es zuließen, das Deutsche Reich machte ihm zuletzt Angst, Preußen achtete er, auch wenn es ihm nicht sympathisch war. Geliebt hat er einzig die Mark Brandenburg und die Märker. 1881 geriet er in Streit mit der Familie Schadow, ob der alte Schadow nun hochdeutsch oder platt gesprochen habe. Die Familie warb eine ganze Truppe von Experten an, die für den hochdeutschen Schadow fechten sollten, aber den Sieg errang schließlich Fontane: Von zwölf Angeschriebenen bestätigten ihm alle mit einer Ausnahme, der alte Schadow habe platt gesprochen, »schadows«, wie ein Professor Henning präzisierte, das heißt halb berlinisch, halb märkischplatt. Fontanes Genugtuung kannte keine Grenzen.

Preußen war innerlich groß, als es noch kaum größer als die Mark war. Preußen war das wahre Vaterland jedes deutschen Patrioten, solange in Deutschland, diesem »republikanischen Flicken-Lappen«, weitgehend Unordnung herrschte und »Schweinewirtschaft«. Starke Worte. Fontane schreibt sie 1849. Wenig später ruft er aus, vielleicht werde Preußen als Nation nach

Gottes Fügung zugrunde gehen, sei dann aber wenigstens der Sauerteig gewesen, der aus dem Wasser und Mehl der übrigen Staaten erst etwas gemacht habe.

Deutschland – eine starke Tatsache

Zu Preußen passten ursprünglich die Kornblume, diese »hübsche Gottesschöpfung von etwas sterilem Charakter«, und das Aschenputtelhafte, eine selbstbewusste Armut und Zurückhaltung als Prinzip. Als das Aschenputtel aber Prinzessin geworden war, war die Armut keine Haltung mehr, sondern nur noch Angabe, die sich leicht durchschauen ließ: »Es wirkt alles pauvre und ʼraufgepufft; keiner glaubt mehr daran.« Und wenn man »Heil Dir im Siegerkranz« zum hundertsten Male gehört hatte, wurde man der Posaunen und des andauernden Siegens langsam müde. Drill ersetzte den Stil und an die Stelle selbstständigen Nachdenkens traten »Salamanderreiben und Nachplappern«.

Preußen hatte auf der europäischen Bühne lange Zeit davon profitiert, dass es klein war und ein Außenseiter und in seiner Komparsenrolle nicht für voll genommen wurde. Der preußische König war daher klug, das Amt eines Deutschen Kaisers wie einen »Nebenherposten« zu handhaben. Die Franzosen und die Engländer ließen sich davon täuschen: Lange Zeit glaubten sie, Deutschland sei nur ein Begriff und keine »starke Tatsache«. Am Ende aber, so Fontanes Prophezeiung, würde doch Preußen selbst für seine deutsche Größe zahlen müssen.

1849 hatte Fontane nicht ohne Stolz berichtet, die Dresdner Zeitung habe einen Artikel von ihm »Preußen – ein Militair- oder Polizeistaat?« wegen der darin zum Ausdruck kommenden altpreußischen Gesinnung nicht abgedruckt. In Fontanes Briefen kann man verfolgen, wie aus diesem patriotischen Fragezeichen allmählich ein bitteres Ausrufezeichen wird. Diese Umkehr der Sympathie richtet sich auch auf den Adel – und sie ist wechselseitig: Am Ende seines Lebens steht Fontane bei den Junkern, seinen Lieblingen, auf dem Index.

Cohn und Itzenplitz

Die Landadligen und die Dorfpastoren waren Fontanes Ideale und seine stille Liebe, oftmals wundervolle Exemplare echten Märker- und Preußentums. Doch plötzlich stehen von den adligen Familien nur noch die v. Arnims in seiner Achtung, dann wird auch ihnen wie den Bredows bedeutet, sie sollten nicht so dicke tun, die Schultzes und die Müllers machten ihre Sache genauso gut, es heißt, Geburtsüberlegenheiten seien nur eine Fiktion und die neue, bessere Welt fange ohnehin erst beim vierten Stand an. Am Ende – für Fontane ein Verdammungsurteil – sind die Adligen nicht besser als die Juden: »Die Bredows werden Onkel Bräsigs, wozu sie ohnehin eine Naturanlage haben, und stromen und inspektern auf den Cohn'schen Rittergütern herum. Eine Vorstellung, in die man sich, wenn man erst den ersten Schauder überwunden hat, ganz ernsthaft verlieben kann.« Das ist 1895 geschrieben.

Fontanes Ambivalenz gegenüber den Juden wirkt heute – wie könnte es anders sein? – besonders erschreckend. Wann immer Fontane eine Mittags- oder Abendgesellschaft beschreibt, hebt er hervor, wie unsympathisch ihm die Juden waren – und fügt hinzu, dass ihn der Rest der Gesellschaft noch mehr anwiderte. Er regt sich über die Berliner Jüdinnen auf, die stets und überall das große Wort führen – und merkt an, dass aus dem Mund keiner einzigen Berliner Bourgeoise je ein interessantes Wort gekommen sei. Er klagt, Berlin sei eine Judenstadt – und dankt Gott dafür, »dem Berliner Judentum in die Hände gefallen zu sein«. Er behauptet, der germanische Geist sei dem jüdischen überlegen – und zieht vor allem die »feinen Juden« jedem Wendisch-Germanen vor. Er macht sich über Cohn lustig, der X-Beine hat und sich ein Rittergut zulegt – und sympathischer ist er ihm als jeder preußische Itzenplitz. Und als er sich am Bismarcktag 1895 weigert, diesen »Heros und Heulhuber« zu feiern, findet er einen überraschenden Alliierten: »Jude Neumann, uns gegenüber, hat auch nicht geflaggt und Arm in Arm mit Neumann fordre ich mein Jahrhundert in die Schranken.«

Fontanes Ambivalenz gegenüber den Juden lässt vorausahnen, wohin später ein Antisemitismus führen sollte, der nicht durch Selbstkritik und Selbstironie in Schach gehalten wurde. Wenn Fontane schrieb, unter Tränen wachse er aus seinem Antisemitismus heraus, war dies kein moralisches Argument. Fontane glaubte, der Antisemitismus habe in Deutschland keine Zukunft. Darin hat er sich geirrt. In einer Wahlkampfrede von 1932, »Preußen muss wieder preußisch werden«, stellte Goebbels den Kampf gegen das Judentum in den Mittelpunkt und wusste, dass er damit Stimmen fing. Ein preußischer Dichter wie Fontane ließ sich dabei nicht als Kronzeuge anführen. Wie kein anderer hat Fontane die Schuld Preußens und Deutschlands gegenüber den Juden auf den Begriff gebracht, als er 1891 den Realschulprofessor Adolf Lasson zustimmend mit den Worten zitierte, die Juden machten die deutsche Kulturarbeit und als Gegengabe dafür leisteten sich die Deutschen den Antisemitismus. Wie viel Unheil hätte sich in Deutschland verhindern lassen, hätte derartige Selbstironie auch nur einen kleinen Teil preußischer Staatsräson ausgemacht!

Als Militär- und Beamtenstaat wurde Preußen groß. Weil es zuletzt nur noch Militär- und Beamtenstaat war, ging es zugrunde. Bitter bemerkte Fontane, als Beamter eine Zeitung zu holen, sei in Preußen ehrenvoller, als eine Zeitung zu lesen oder gar zu machen. Der von ihm bis zuletzt bewunderte Generalstab diente schließlich nur noch dazu, das Durchschnittsmäßige glänzend zu dirigieren. Der »Vitzliputzli des preußischen Cultus«, der Reserveoffizier, wurde zur Karikatur, schrieb Fontane an seinen jüdischen Freund Georg Friedländer: »Da haben Sie den Salat.«

Preußen und Tartaren

Nicht nur was das Militär betrifft, wandelt sich das Bild
Preußens bei Fontane dramatisch: Am Anfang stammt es von
Menzel und am Ende von George Grosz. Als der Alliierte Kon-
trollrat am 25. Februar 1947 im Gesetz über die Auflösung des
Staates Preußen dekretierte, Preußen sei »jeher Träger des Milita-
rismus und der Reaktion in Deutschland gewesen«, hätte er sich
auf einen preußischen Dichter als Zeugen berufen können.

»Wir gehen wohl sehr bewegten Zeiten entgegen; mir
wär' es lieber, sie blieben aus.« Dies schrieb Fontane 1888, am
Anfang des Dreikaiserjahres. Man sollte nicht zuviel Vorahnung
in diese Worte geheimnissen. Aber wenn es wenig später heißt,
der Krieg werde unweigerlich kommen, man könne nur hoffen,
dass mit dem größeren Vernichtungsapparat auch die Verantwortung größer werde, wenn die Kolonialpolitik des Deutschen Reiches als reiner Blödsinn bezeichnet wird und Fontane
gesteht, bei manchen Worten Kaiser Wilhelms II. werde ihm
himmelangst – dann kann man nicht anders als einen prophe-
tischen Unterton in diesen Sätzen wahrzunehmen. Das Eroberte
könne schon bald verloren gehen: »Bayern kann sich wieder
ganz auf eigne Füße stellen, die Rheinprovinz geht flöten, Ost-
und Westpreußen auch [...]. Das sind nicht Einbildungen eines
Schwarzsehers [...]«, so heißt es 1893.
Über die Schweden hatte Friedrich der Große in seinen *Denkwür-
digkeiten* geschrieben, sie seien nach Preußen gekommen wie
die Römer und hätten es verlassen wie die Tartaren. Wenn man
die Frühgeschichte der Mark liest und den Worten des Alliierten Kontrollrats glauben wollte, dann wären die Preußen
in die Weltgeschichte gekommen wie die Tartaren und hätten
sie ebenso wieder verlassen. Preußens Geschichte und Preußens Nachleben aber, die Lektüre von Fontanes Briefen lehrt es,
sind komplizierter: eine Geschichte und ein Nachwirken voller
Zweischneidigkeit und Widerspruch.

IV. Ich, Gott, Satan und die Elemente
Ein Koloss seiner Epoche: Victor Hugo

Mozart kam nicht wieder, weil die Gesellschaft von Musik noch weniger verstand als ein Karpfen. Shakespeare dagegen hielt sein Versprechen und diktierte die erste Szene eines neuen Dramas; Machiavelli und Mohammed ließen sich nicht lange bitten; Aeschylos, Molière und Jeanne d'Arc kamen gerne zu Tisch. Waren sie nur berühmt genug, wurden auch sprechende Tiere eingeladen wie die Taube aus der Arche Noah, der Löwe des Androklus und die Eselin von Bileam. Robespierre und Marat machten ebenso ihre Aufwartung wie Jesus, der Ewige Jude und Homer, und als Napoleon I. vom Hausherrn gefragt wurde, was er an seiner Stelle gemacht hätte, antwortete der verstorbene Kaiser: »Ihre Verse, Monsieur Hugo!«

Die Rede ist von den spiritistischen Séancen, die Victor Hugo und sein Familienstaat in den Jahren 1853 und 1854 im Exil auf Jersey abhielten. Der Dichter wollte die Protokolle dieser Sitzungen zu seinen Lebzeiten nicht veröffentlichen. Zu Distanzierungen sah er freilich keinen Anlass. An Geister zu glauben, die im Zwischenreich von Diesseits und Jenseits lebten, »schmälerte die Freiheit nicht und verlieh dem Glauben Flügel«. Jersey, die englische Kanalinsel, auf der man Französisch sprach, war selber eine Art von Zwischenreich. Regelmäßig zeigten sich hier die Muttergottes und der Teufel, und jeder Bewohner wusste zwischen der Weißen Dame, die ihr Kind, und der Schwarzen Dame, die ihren Vater ermordet hatte, zu unterscheiden.

Dass Victor Hugo mit Geistern Umgang pflegte, war nichts Besonderes. Die »neue Wissenschaft« des Tischrückens wurde auf dem Kontinent wie in England praktiziert und überall waren die Tische geschwätzig. Einzigartig an den Sitzungen im Hause des Dichters war der Rang der Gäste. Und dass auf diesem Olymp inmitten des Ärmelkanals alle Poeten, Philosophen und Staatsmänner so sprachen wie Victor Hugo, erschien als ganz natürlich. Nirgends zeigt sich sein Anspruch auf Weltruhm zu Lebzeiten deutlicher als in der Gesellschaft der verstorbenen Geister, die er mit Hilfe von Familie und Freunden zu sich rief. Victor Hugo lebte von 1802 bis 1885. Übertreibend und grandios steht er in seinem Jahrhundert, in dem Napoleon sich für unbesiegbar hielt und der Papst seine Unfehlbarkeit dekretierte.

Das Alter Ego der Franzosen

Am ersten Tag nach den Weihnachtsferien hatten auf Anordnung des sozialistischen Erziehungsministers Jack Lang alle französischen Schüler sich mit Victor Hugo zu beschäftigen – ein Dekret, das den Zorn des konservativen *Figaro* hervorrief. Politisch rechtfertigen ließ sich dieser Zorn kaum. Denn obwohl das Bild des engagierten Republikaners seinen Nachruhm bestimmt, können sich auf Victor Hugo alle berufen: die Bonapartisten wie die Königstreuen, die Nationalisten wie die Verfechter der Vereinigten Staaten von Europa. Im Frankreich des 19. Jahrhunderts gilt ein solcher Wandel der politischen Präferenzen nicht als skandalös. Was andernorts als Konversion verdammt wird, wird als Nuance in einem Land toleriert, das von 1789 bis 1870 die unterschiedlichen Phasen einer einzigen Revolution durchlebt. Hinzu kommt, dass Victor Hugo die Routine des politischen Entwicklungsgangs durchbricht: Konservativ in seiner Jugend, wird er als Erwachsener zum Liberalen und als alter Mann radikal.

Victor-Marie Hugo wurde am 26. Februar 1802 in Besançon geboren. Er kam als ein Kind politischer Gegensätze auf die Welt: Sein Vater war zuerst Republikaner und diente dann Napoleon als General, Sophie Trébuchet, seine Mutter, stammte

aus der Bretagne und blieb zeitlebens königstreu. Die Eltern hei-
rateten im »Quartier de la Fidélité«, doch nahmen beide es mit
der Treue nicht allzu genau und ließen sich 1818 scheiden. Fast
sechzig Jahre später veröffentlichte Victor Hugo den Revolutions-
roman *Quatre-vingt-treize*, in dem er Royalisten wie Republikanern
gerecht zu werden suchte. Es war auch eine späte Klage über die
politischen und persönlichen Differenzen, die Vater und Mutter
einander entzweit hatten.

Versifiziertes Sauerkraut

Der General Léopold Hugo folgte Napoleon auf seinen Er-
oberungszügen. Die Generalin verfolgte mit ihren drei Söhnen
den Gatten, der seine Pflichten als Familienvater vernachlässigte.
So lernte Victor mit seinen älteren Brüdern Abel und Eugène auf
abenteuerlichen Reisen Italien und Spanien kennen. In Neapel
nahm der Vater einen gewissen Michel Pezza gefangen, der die
Bauern auf die französischen Besatzer gehetzt hatte und nach
seiner Hinrichtung als »Fra Diavolo« zum Opernhelden wurde.
In Spanien hieß das erste Dorf, in dem die Mutter mit ihren
Söhnen einkehrte, Ernani. Diesen Namen gab Victor Hugo später einem Drama, aus dem Giuseppe Verdi eine Oper machte.
Spanien aber war nicht nur Oper und Poesie – es war auch Ge-
walt und Grausamkeit, das Land der Garotte und des Schafotts.
Als der alte Hugo Goyas *Desastres de la guerra* betrachtete, erschrak
er über Szenen, die er als Kind miterlebt hatte.

In Paris wurden die Jungen zu Literaten. Bei Victor, einem
Kind mit schwachem Körper und zu großem Kopf, hat man
den Eindruck, dass er eher reimen als sprechen konnte. Victors
größter Konkurrent war dabei Eugène, und als er einen Lyrik-
wettbewerb gewann, freute es ihn mehr, den Bruder als den
zwölf Jahre älteren und längst arrivierten Lamartine besiegt zu
haben. In patriotischen Oden huldigte der junge Victor Hugo
den Herrschern seiner Zeit. Er wurde dafür mit Pensionen,

Porzellan aus Sèvres sowie dem Band der Ehrenlegion belohnt. Doch wäre es zu einfach, in ihm einen Opportunisten zu sehen. Literarische und politische Haltungen ließen sich in dieser Zeit nicht eindeutig einander zuordnen. Unter Ludwig XVIII. waren es die Ultra-Konservativen, welche die Literatur erneuerten, während die Liberalen eher als Bewahrer auftraten. Unter Karl X. dagegen wurden die Romantiker der Literatur allmählich zu Liberalen in der Politik.

Mit 26 Jahren hatte Victor Hugo bereits einen Roman (*Han d'Islande*), eine große Erzählung über den Befreiungskampf der Sklaven auf Santo Domingo (*Bug-Jargal*) und die hochgepriesenen *Odes et Ballades* veröffentlicht. Wirkender Ruhm aber ließ sich nur auf der Bühne gewinnen. Diesen Ruhm brachte ihm 1830 das Drama *Hernani*, das umkämpfte Manifest der französischen Romantik. Die Zeit war reif für einen neuen Shakespeare. Victor Hugo ließ keinen Zweifel daran, dass er selbst dieser neue Shakespeare war, der »poeta soverano« der Moderne.

Als Sohn eines napoleonischen Generals wusste Victor Hugo zu kommandieren: »In seinen Ohren hatte er die Bedürfnisse einer Art von militärischer Rhetorik, er ahmte Kanonenschüsse und das Knattern von Raqueten in Worten nach«, schimpfte Nietzsche, der Victor Hugo vorhielt, den französischen Esprit durch Dampf und Lärm zu verdunkeln. Stets zielte Hugo dabei so hoch wie möglich und bekräftigte Napoleons Wort, vom Erhabenen zum Lächerlichen sei es nur ein Schritt, auf eine unvorhergesehene Weise. 1843 schrieb er eine Huldigung an Mittelalter und Rheinromantik – das Drama *Les Burgraves*, das er sich nicht scheute, mit der *Orestie* zu vergleichen. In seinem Pariser Exil blieb ein deutscher Dichter davon unbeeindruckt: »Versifiziertes Sauerkraut« lautete Heinrich Heines Verdikt.

Film und Musical im 19. Jahrhundert

Victor Hugo hatte zu jener »alten Jugend« der Restaurati-
onszeit gehört, über die er später als Greis spotten sollte. Dem
jungen, revolutionären Literaten wurde die ferne Vergangenheit
zum bevorzugten Thema. Das Mittelalter und die Gotik kamen
in Mode. Aus dieser Stimmungslage erklärt sich der Riesener-
folg des Romans *Notre-Dame de Paris*, der 1831 erschien. Esmeralda,
der Erzdiakon Frollo und der Glöckner Quasimodo gehörten
auf einmal zum unkündbaren Personal der Weltliteratur. Victor
Hugo konnte sich jedes Selbstlob sparen – jetzt nannte ihn Lamartine den »Shakespeare des Romans«.

Doch wiederum mäkelte ein deutscher Dichter. Am 28.
Juni 1831 schrieb der alte Goethe an Zelter, in den handelnden
Figuren von *Notre-Dame* sei keine Spur von Naturlebendigkeit:
»Es sind lebensuntheilhafte Gliedermänner und Weiber, nach
ganz geschickten Proportionen aufgebaut, aber außer dem höl-
zernen und stählernen Knochengerüste durchaus nur ausge-
stopfte Puppen, mit welchen der Verfasser aufs unbarmherzigste
umgeht, sie in die seltsamsten Posituren renkt und verrenkt, sie
foltert und durchpeitscht ...« Mit diesen Einwänden hat Goethe
dem Erfolg Hugos zu Lebzeiten nicht geschadet und zugleich
seinen Nachruhm erklärt.

Victor Hugo wird es nicht als Zufall angesehen haben, dass
vierzig Jahre nach ihm in seiner Heimatstadt Besançon die Brüder Lumière geboren wurden. *Notre-Dame de Paris* war bereits das
Skript zu einem Film und die Vorlage zu einem Musical – wie
dreißig Jahre später *Les Misérables*. Zugleich ließen sich, wie Carl
Dahlhaus schrieb, Hugos Handlungsführung und der Einsatz
seiner lyrischen Rhetorik vom Metier eines Librettisten nicht
unterscheiden: Aus dem Drama *Le Roi s'amuse* wurde Verdis *Rigo-
letto*, und Gaetano Donizetti vertonte *Lucrezia Borgia*.

Von Victor Hugos Dramen überlebte die Versmusik und
von seinen Romanen überlebte die unüberbietbare Dramatik

des Handlungslaufs. So erklärt es sich, dass heute ein Musical wie *Les Misérables* am Broadway Millionen einspielt und gleichzeitig in der Comédie-Française das Drama des kastilischen Adels *Ruy Blas* (1838) immer noch ein Pariser Publikum anrührt, das auf Inszenierung keinen Wert legt, bestenfalls den Schnitt und die Farbe der Kostüme zur Kenntnis nimmt und sich ansonsten ganz in die Verse versenkt.

Und doch wirken, blickt man auf sein Riesenwerk, die Dramen und Romane Victor Hugos manches Mal wie Überbleibsel seiner Lyrik. Dramen und Romane hat er geschrieben, Gedichte hat er gelebt. Sie sind, wie Louis Aragon sagte, ein einziges großes Tagebuch. Unnachahmlich ist die Virtuosität, mit der Victor Hugo es versteht, sich stets und auf alles einen Reim zu machen – von den Gelegenheitsgedichten der *Feuilles d'Automne* (1831) über die großen Sammlungen aus der Zeit des Exils (*Les Châtiments, Les Contemplations*) bis zur *Légende des Siècles*, wo der Dichter in eine Zwiesprache nicht nur mit den Mythen und der Geschichte, sondern mit Gott, Satan und den Elementen eintritt.

Hugo von Hofmannsthal hat an der Lyrik Hugos die »Mächtigkeit der Erscheinung« hervorgehoben und darüber gestaunt, dass es in seinen Gedichten »fast kein Wort des französischen Vokabulars gibt, welches nicht aufgerufen war, hier an einem gesteigerten glänzenden geistigen Dasein teilzunehmen«. Nicht alle dieser zehn Tausende von Versen sind gelungen – »éclair« auf »Schiller« zu reimen, wirkt eher komisch –, aber viele ahnen die Moderne voraus. In ihnen glaubt man die Stimmen Verlaines und Mallarmés und den Paul Valéry der »Jeune Parque« zu hören. Es waren auch diese poetischen Vorahnungen, die André Gide, nach dem größten Dichter Frankreichs gefragt, den Seufzer ausstoßen ließen: »Victor Hugo – leider.«

Mühevoll verschafft Victor Hugo sich Eintritt in die großen französischen Institutionen. Vier Mal scheitert sein Versuch, Mitglied der Académie française zu werden. In manchen Wahlgängen erhält er nur zwei Stimmen – aber es sind die Stimmen von Lamartine und Chateaubriand. Er tröstet sich damit, dass bei der Wahl der Unsterblichen die Stimmen nur gezählt, aber nicht gewogen werden. 1841 hat er endlich Erfolg. Vier Jahre später wird er Pair de France und 1848 in die Konstituante, 1849 in die Nationalversammlung gewählt. Aus dem Royalisten und Reaktionär ist ein Republikaner und ein Demokrat geworden. Sein soziales Gewissen ist eher dafür verantwortlich als seine politischen Neigungen. Er bekämpft die Todesstrafe, setzt sich für die Armen ein, fordert die Abschaffung von Folter und Sklaverei und propagiert die Gleichberechtigung der Frau. Wer nicht an das Volk glaubte, ist in seinen Augen ein politischer Atheist. Am Ende seines Lebens begegnet Victor Hugo der verwirklichten Utopie: einem Bauern, der seine Gedichte auswendig kennt und Shakespeare im Original liest.

Pacific Palisades im Ärmelkanal

1848 war Victor Hugo in Paris auf dem siebenten Listenplatz in die Verfassunggebende Versammlung gewählt worden. Gleich hinter ihm kam ein gewisser Louis-Napoléon Bonaparte. Victor Hugo hielt ihn für einen engagierten Sozialpolitiker, bis er merkte, dass hier ein Usurpator seinen unaufhaltsamen Aufstieg plante. Bald gab es überall Polizei, doch nirgends mehr Gerechtigkeit. Neun Tage nach dem Staatsstreich vom 2. Dezember 1851 ging Victor Hugo ins Exil – über Brüssel nach Jersey und schließlich 1855 nach Guernsey. Aus dem Exil bekämpfte er Napoleon III. mit einem Pamphlet (*Napoléon-le-Petit*), das in einer Million Exemplaren verbreitet wurde und schließlich – »Der Armselige ist nur auf einer Seite gebraten – Ich wende den Rost« – mit den Strafgedichten der *Châtiments*. Jedes Arrangement mit Napoleon III., jedes Angebot auf Amnestie lehnte er ab und kehrte erst 1870 mit dem Sturz des Kaiserreichs nach Frankreich zurück.

Im Exil entstanden Meisterwerke wie die Romane *Les Misérables* (1862) und *Les Travailleurs de la Mer* (1866). Fraglich ist, ob Victor

Hugo ohne die Jahre der Verbannung den Rang erreicht hätte, den sein Vaterland und die Weltliteratur ihm heute zusprechen. Das Leben erst in Marine-Terrace auf Jersey und dann in Hauteville House in Guernsey ähnelte dem Leben im kalifornischen Pacific Palisades, wie wir es aus den Tagebüchern Thomas Manns kennen. Wie auf den deutschen, war auch auf den französischen Dichter-Patriarchen der gesamte Ablauf des Alltags zugeschnitten. Alle Familienmitglieder unterstützten seine schreibende Tätigkeit und spendeten dafür den verdienten Beifall. Für Hauteville House suchte der Dichter die Fayencen aus, bestimmte die Farbe der Lüster, gab Zimmern Namen wie »Garibaldi« und saß in einem »Sessel der Ahnen«, auf dem die Worte »Ego Hugo« eingraviert waren. »Exilium vita est« stand über der Eingangstür zum Speisesaal.

Ein Guernsey Book of Records

Das Leben im Exil war vor allem ein Leben im Familienclan. Dazu gehörten Adèle, Hugos Jugendliebe und Ehefrau, die sich ihm durch eine Affäre mit dem Freund Sainte-Beuve entfremdet hatte, Juliette Drouet, die Victor Hugo 1833 erst zu seiner Geliebten und dann zu seiner Sekretärin gemacht hatte, die Söhne Charles und François-Victor sowie die Tochter Adèle, Schwiegerkinder und Enkel. Mit Juliette unternahm Victor Hugo lange Reisen an den Rhein, die ihn zu Versen und Zeichnungen anregten. Das Dekorum wurde dabei stets gewahrt: Juliette lebte in der Nachbarschaft auf Sichtweite, doch betrat sie Hauteville House nicht. Ohne Unterlass betrog Victor Hugo seine Frau und seine Geliebte mit Küchenhilfen, Dienstmädchen und Wäscherinnen und bilanzierte in einfallsreichen Abkürzungen, auf Spanisch und in Latein seine sexuellen Höchstleistungen: Ein Guernsey Book of Records.

Nie hatte Victor Hugo sich leichter und unbeschwerter gefühlt als im Exil. Abgöttisch liebte er seine Enkel Georges und

Jeanne, denen er in seinem letzten Gedichtband *L'Art d'être Grand-père* (1877) ein Denkmal setzte und sich dabei an seine eigene Kindheit erinnerte. Mit Hugo, so Hofmannsthal, tritt das Kind in die französische Literatur ein. Doch dieser einfühlsame Groß-vater und pater familias war auch ein Vampir, der von seiner Fa-milie lebte und fast alle ihrer Mitglieder überlebte. Eugène, der Bruder, dem er den literarischen Ruhm geneidet und die von beiden geliebte Adèle genommen hatte, war verrückt gewor-den und im Asyl zu Charenton elend zugrunde gegangen. Dem einen Sohn machte er ebenfalls die Geliebte abspenstig, und als der andere mit der Übersetzung der Werke von Shakespeare begann, schrieb der Vater, der kaum Englisch konnte, sofort ein Buch über den Dichter. Victor Hugo überlebte die 1841 in der Seine ertrunkene Tochter Léopoldine, seine Söhne, seine Frau, seine Brüder und seine Geliebte. Ihn überlebte in geistiger Umnachtung nur die Tochter Adèle, die 1915 starb. Als François Truffaut 1975 seinen Film *Adèle H.* drehte, wusste kaum jemand, um wen es sich dabei handelte.

Eine Kanone mit Namen »Victor Hugo«

Als im Deutsch-Französischen Krieg 1870/71 das Kaiser-reich stürzte, kehrte Victor Hugo auf der Stelle mit dem Zug nach Paris zurück. Auf den Bahnhöfen rezitierten die Reisen-den seine Gedichte. Eine Stunde in Frankreich genügte ihm, um neunzehn Jahre des Exils zu vergessen. Im Stillen hatte er gehofft, man werde ihn zum Präsidenten machen. Das Angebot, Bürgermeister des dritten oder neunten Pariser Arrondissements zu werden, lehnte er indigniert ab. Als er an die Preußen appel-lierte, die französische Hauptstadt zu verschonen, tönte ihm aus Deutschland die widerliche Satire »Eine Kapitulation« entgegen, in der Richard Wagner sich über das leidende Paris lustig machte. Öffentlich las Victor Hugo aus den *Châtiments* und ließ vom Ho-norar Kanonen gießen. Eine davon trug seinen Namen.

Nach den Wirren der Kommune und den Metzeleien des Pariser Bürgerkriegs ging Victor Hugo noch einmal in die Politik. Betrat er den Senat, hieß der Präsident »das Genie« willkommen. Es war eine leere Geste, denn über politischen Einfluss verfügte der Dichter nicht mehr. In der Akademie vergaß man ihn beim Zählappell. 1878 erlitt Victor Hugo einen Schlaganfall und kehrte noch einmal nach Guernsey zurück. Die Gedichte, die er nun publizieren ließ, stammten aus der Schublade. Am 22. Mai 1885 starb Victor Hugo. Als am 1. Juni seine Leiche in das restaurierte Pantheon überführt wurde, waren eine Million Menschen auf den Straßen. Edmond de Goncourt schrieb, die Pariser Freudenmädchen hätten dem Ansturm ihrer Kunden in der Nacht zuvor nur dadurch begegnen können, dass sie ihre Arbeit auf dem Rasen der Champs-Elysées verrichteten. Nietzsche hörte von dieser »Orgie des Ungeschmacks« und wunderte sich nicht. Für ihn war ein Plebejer »ohne Zucht«, doch mit enormen Sinnesbegierden gestorben.

Friedrich Nietzsche hat Victor Hugo, der für ihn zusammen mit Richard Wagner den Niedergang des 19. Jahrhunderts verkörperte, in unvorstellbarer Weise beschimpft. Noch überraschender als Nietzsches Hass aber ist die Nichtachtung, die Victor Hugo durch Thomas Mann zuteil wird. »Leidend und groß, wie das Jahrhundert, dessen vollkommener Ausdruck sie ist, das neunzehnte, steht die geistige Gestalt Richard Wagners mir vor Augen.« So beginnt Thomas Mann 1933 seinen Vortrag über Richard Wagner. Das neunzehnte Jahrhundert ist für ihn ein »Wald von großen Männern«: Wagner und Liszt, Balzac und Zola, Tolstoi und Dostojewski, Baudelaire, Ibsen und Nietzsche haben darin ihren Stammplatz. Victor Hugo aber fehlt, der einmal von sich gesagt hatte, er sei ein Baum, der davon lebe, dass sich der Wald um ihn herum zunehmend lichte.

Von Richard Wagner sagte Thomas Mann, sein bevorzugtes Stilmittel sei das Ausrufungszeichen. Auch Victor Hugo, dieser Koloss, ist ein Ausrufungszeichen seiner Epoche. Kann man, wie Thomas Mann es tut, von den epischen Lasten schwärmen, die im neunzehnten Jahrhundert geschultert wurden, ohne an den Dichter der *Légende des Siècles* zu denken? Muss, wer an der neuen Zeit einen Naturalismus bewundert, der sich ins Symbolische steigert und ins Mythische wächst, nicht *Les Travailleurs de la Mer* gelesen haben? Wenn in seinem Jahrhundertlob Thomas Mann das »naturalistisch Umfangsmächtige« und die »demokratische Massenhaftigkeit« der Epoche bestaunt, dann spukt zwischen den ins Hymnische sich aufschwingenden Sätzen des »Zauberers«, unbenannt und doch unverkennbar, auch der Geist Victor Hugos.

V. Die einzige Soutane im Salon
Das Tagebuch des Abbé Mugnier

Nicht immer sind es die Schriften berühmter Zeitgenossen, die eine Epoche am hellsten erleuchten, denn
was sie interessiert, ist zunächst ihr Ich und dann erst die Welt.
In der Reihe »Le temps retrouvé« des *Mercure de France* ist das Tagebuch eines Mannes erschienen, der sechzig Jahre lang – von
1879 bis 1939 – die Pariser literarische Intelligenz aus nächster
Nähe beobachtete, ohne selbst zum Autor zu werden. Und gerade deshalb verraten die Aufzeichnungen des Abbé Mugnier,
denn um ihn handelt es sich, mehr über das literarische Milieu
Frankreichs als die Briefe und Memoiren vieler berühmter Zeitgenossen. Proust, Claudel, Valéry, Gide und Mauriac – der Abbé
Mugnier kannte sie alle. Ihn aber kennt, auch in Frankreich,
heute fast niemand mehr.

1853 im Limousin geboren, wurde der junge Mugnier von
seiner Mutter, einer frommen und willensstarken Lothringe-
rin, in die kirchliche Laufbahn getrieben. Auf ein Priestersemi-
nar in der Provinz folgte die Vorbereitungszeit in Saint-Sulpice,
jener Pariser Pfarrei, die einen Ernest Renan – »un passionné à
l'intérieur« nennt ihn, überaus treffend, der Abbé – der Kirche
für immer entfremdet hatte. Nach der Priesterweihe wurde Mugnier zum Vikar von Notre-Dame-des-Champs ernannt, einem
Sprengel in der Gegend der alten Pariser Markthallen.

Schon als Vikar wehrte Mugnier sich dagegen, ein kleiner
Funktionär der Kirche zu werden. Zweifel an seiner inneren Berufung und ein freimütig eingestandener Hang zu Faulheit und
Bequemlichkeit verbanden sich mit der Trauer darüber, dass die
Dritte Republik die Priester aus allen einflussreichen Stellungen
verjagt hatte: In den Parlamenten und Salons, in den Akademien
und in den Foyers der Theater sah man keine Soutanen mehr.

Die Zeit eines de Maistre und eines Lamennais war vorbei; der
französische Episkopat hatte kein einziges Genie mehr, das mit
der Kraft seines Glaubens und der Wirksamkeit seiner Feder die
Kirche verteidigte.

Die an den Rand einer durchsäkularisierten Gesellschaft
gerückte Kirche seiner Zeit blieb dem Abbé ewig fremd – aber
da er nun einmal Priester geworden war, bedauerte er, dass der
Klerus allen Einfluss auf das öffentliche Leben verloren hatte.
Die Tätigkeit im Beichtstuhl und an den Totenbetten seiner
Pfarrkinder nennt er, fast angewidert, in einer Tagebucheintra-
gung Herkulesarbeiten – dem Leser kommt sofort der Stall des
Augias in den Sinn. Den Ritus der Kirche akzeptiert Mugnier,
hingerissen aber ist er von den Ritualen, welche die republikanische Staatsmaschinerie inszeniert. Er selbst ist alles andere
als ein Republikaner. Bei der Einweihung des Corot-Denkmals
in Ville d'Avray bricht der Hass dieses Gottesmannes auf das
einfache Volk durch: Ganz Bildungsbürger, zitiert er das *odi pro-
fanum vulgus* des Horaz und beneidet die Würdenträger, die der
Zeremonie in offizieller Mission beiwohnen. An den Feierlich-
keiten zum 14. Juli nimmt er in Zivil teil, benommen von einer
republikanischen Begeisterung, die sich fast orgiastisch äußert.
Den Höhepunkt seiner eigenen Exaltation und tiefsten Nieder-
geschlagenheit zugleich aber bringt der 31. Mai 1885. Auf einem
Katafalk zieht der Leichnam Victor Hugos vom Arc de Triomphe
zum Pantheon – über Boulevards, die schwarz von Menschen
sind. Ganz Frankreich nimmt Abschied. In der Menge drängt
sich der Abbé Mugnier, fasziniert und bedrückt vom Pomp
eines Staates, der die Kirche mehr und mehr verdrängt.

Den Glauben konnte dieser Gottesmann nur als Mythos,
die Kirche lediglich als Ritualanstalt akzeptieren. Auf der anderen Seite glaubte er, der Katholizismus lasse sich wieder popu-
larisieren, wenn man nur das Latein der Messe durch die Volks-
sprache ersetze. Als Priester lebte Mugnier in einer falschen Zeit;
als Kirchenfürst des Ancien Régime wäre er wohl glücklich geworden.

Zwar wurde erst am 7. Dezember 1905 durch das Votum des Senats die Trennung von Kirche und Staat in Frankreich festgeschrieben – ein beinahe wütender Hang zur Säkularisierung jedoch prägte von ihrem Anbeginn die Dritte Republik. Zugleich wurde deutlich, dass eine Gesellschaft, die sich zunehmend entklerikalisierte, eben dadurch zu neuen Formen der Sakralisierung gezwungen wurde. Der Katholizismus verschwand aus den Schulen – dafür galt, jedenfalls für eine gewisse Zeit, die Soziologie Emile Durkheims als Staatsreligion. Die Republik stand in der Tradition der Aufklärung – und verfocht die Prinzipien der Vernunft nicht nüchtern, sondern rauschhaft und mit aller Macht des Gemüts. Viel war von Demokratie die Rede – und doch war es eine Zeit, der die großen Männer den Stempel aufdrückten: Gambetta und Victor Hugo, Thiers, Clemenceau und Blanqui. Victor Hugo lieferte das beste Beispiel dafür, wie weit in dieser Republik ohne Republikaner die Selbststilisierung und Selbsterhöhung des Einzelnen gehen konnte. Zur herrschenden Ideologie gehörte der Populismus – doch wurde er, wie stets, nicht vom Volk selbst, sondern von charismatischen Einzelnen am Leben gehalten. Von dieser Stimmung lässt sich noch heute etwas spüren, wenn man die Porträts des Fotografen Nadar betrachtet.

Ein halbes Jahrhundert zuvor hatte man die Aristokratie unter die Guillotine getrieben – doch nun gab es mehr Aristokraten als zuvor. Es gab sie in der Politik und in der Musik, in der Malerei und in den Wissenschaften, vor allem aber gab es sie in der Literatur. Wie es schien, hatte die *noblesse de plume* den Schwert- wie den Amtsadel abgelöst. Aristokraten des Wortes herrschten, und während der Papst gezwungen war, sich seine Unfehlbarkeit von einem Konzil bestätigen zu lassen, glaubten einem Maurice Barrès seine Anhänger auch ohne Dekret jedes einzelne Wort.

Der Abbé spielt den Augenzeugen – aber was er beschreibt, sind keine Fakten, sondern Gefühle. Er gibt sich kokett als Spion – und verrät sich selbst. Gerade dieser Tatbestand macht

sein Tagebuch so wertvoll. Es zeigt, welchen Sog in Frankreich
die Lebensform des großen Literaten auf alle Volksschichten aus-
üben kann. Sich wie Robert Musil über den Groß-Schriftsteller
zu amüsieren, käme dort niemandem in den Sinn. Der *homme
de lettres* ist kein Typus, über den man sich mokiert, sondern die
Erfüllung eines Traums, den jeder träumt. 1884 fasst der Abbé
einen Neujahrsvorsatz: Von nun an wird er Federn und Tinte,
Umschläge und Papier in seine Kirche schaffen, um sie stets zur
Hand zu haben. Die Sakristei wird zum Schreibbüro. Vier Jahre
später notiert er: »Von kirchlichen und Gemeindeangelegen-
heiten will ich mich nicht mehr verwirren lassen. Ich werde
lesen, ich werde für mich sorgen, meine Mutter lieb haben, den
Umgang mit edlen Seelen pflegen und die Toten ihre Toten begraben lassen.«

So hätte der Abbé den Augen der Nachwelt auf immer ent-
schwinden können. Doch bereits ein Jahr zuvor lernte er durch
die Vermittlung Berthe Courrières einen richtigen Schriftsteller
kennen: Joris-Karl Huysmans, der gerade seinen Roman *Là-Bas*
beendet hatte. Damit beginnt auch die Karriere Mugniers. Es
ist eine Karriere, deren treibendes Motiv weniger eine berech-
nende als vielmehr eine konstitutionell vorgegebene Passivität
ist. Mit atemberaubender Schnelligkeit steigt hier jemand auf:
Gerade weil er nicht schreibt, sondern liest, weil er nicht vor-
trägt, sondern zuhört, weil er vieles erfährt, ohne selbst je Erfahrungen zu machen, weil er sich beeindrucken lässt, ohne
dabei auf die eigene Wirkung bedacht zu sein. Es ist die Karriere eines Beichtvaters.

Die Frau, die den Abbé Mugnier zuerst mit Huysmans zu-
sammenbrachte, war ihrer schwarzen Messen wegen verrufen.
Huysmans selbst machte Mugnier mit einer *poésie maudite* vertraut, einer Literatur, die sich die Verherrlichung der Sündhaf-
tigkeit zum Ziel setzte. Prägend für sie waren das Dandyhafte,
das Esoterische und das Morbide, und mit einer Mischung
aus Ehrfurcht und Entsetzen notiert der Abbé den Ausspruch
Remy de Gourmonts, Literatur heiße, auf exquisitem Papier

für fünfzehn Verrückte zu schreiben. Huysmans, dieser »katholische Naturalist«, wie der Abbé ihn nannte, nahm gegenüber seinem zölibatären Gesprächspartner kein Blatt vor den Mund: Er berichtete *en détail* von den Hochzeitsnächten seiner Freunde, schilderte Maupassants erotische Höchstleistungen und verriet ihm, woran man die Homosexuellen erkennt. Sodom und Gomorrha waren ihre beliebten, immer wiederkehrenden Gesprächsthemen, und das Beispiel Verlaines und anderer führte den Abbé schließlich zu der Feststellung, dass alle interessanten Schriftsteller lasterhaft und katholisch sind.

Dennoch zog ihn Huysmans, den er bis zum Tode des Dichters am 12. Mai 1907 regelmäßig sah und den er zu einem mystisch durchwirkten Glauben zurückführte, mehr als Literat denn als Libertin an. Huysmans hatte Flaubert gekannt, und er kannte Zola. Nun kam auch der Abbé mit der Welt der großen Literatur in Berührung. Als nach einer Messe, die Mugnier zum Andenken Verlaines las, Mallarmé ihm die Hand drückte, war der entscheidende Initiationsritus vollzogen. Von nun an kreuzte jeder, der sich in der französischen Literatur des zwanzigsten Jahrhunderts einen Namen machen sollte, den Weg Mugniers.

Anfangs schrieb auch der Abbé: Er hielt Vorträge über George Sand und über die Salons der Restauration, die in der Presse einige Beachtung fanden. Dann hörte er nur noch zu. Seine Bonmots machten die Runde. So antwortete er einer alternden Diva, die ihn fragte, ob es eine Sünde sei, wenn sie vor dem Spiegel laut ausrufe, wie schön sie doch sei: »Eine Sünde nicht, Madame, wohl aber ein Irrtum!« Viele Definitionen, die Mugnier gibt, sind unmittelbar treffend, wie die Charakteristik der Action Française als eines Katholizismus ohne Christentum. Freilich plätscherten derlei Formeln in allen Tischgesprächen der Zeit dahin; der Abbé sog sie in sich auf wie ein Schwamm.

Dieser Gottesmann war auch Gourmet und seinem Tagebuch kann man entnehmen, was in den Salons der Belle Epoque auf den Tisch kam. Pfirsiche, die mit Eis und dem Gelee echter

Rosen serviert werden, erinnern ihn an Ronsard; er schätzt
Apfelsauce zur Ente und Blinis zur Seezunge Augusta, und mit
Giraudoux plaudert Mugnier lange über Käsesorten. Die Literatur, die er liebte, hatte meist mehr mit dem Essen als mit dem
Glauben zu tun. In der Gesellschaft, die der Abbé frequentierte,
lieferten Bücher vor allem den Rohstoff für Tischgespräche.
Das vorrangige Ziel, das alle anstrebten, war, eine Diskussion
in Gang zu halten, selbst oder gerade dann, wenn sie sich um
Nichtigkeiten drehte. Man kann heute dies sagen und morgen
das Gegenteil: Hauptsache, man langweilt nicht. Geschwiegen
wird nie und selten wird jemand verlegen. Betritt ein Neuan-
kömmling den Raum, wird er unverzüglich mit einem Grund-
problem der Metaphysik oder der Moral konfrontiert. Wie aus
der Pistole geschossen kommt die Antwort, denn man muss
nicht recht haben, wohl aber schlagfertig sein. Paradoxien und
Aphorismen sind gefragt, Maximen und sogenannte Lebens-
weisheiten. Da man beim Essen spricht, darf das, was man sagt,
nicht länger dauern als die Pause zwischen zwei Bissen. Kleine,
gnadenlose Bosheiten machen die Runde, wie Paul Valérys ins
Schwarze treffender Vergleich Maurice Barrés' mit einer erkalte-
ten Zigarre auf dem Marmortischchen eines Cafés.

Liest man den Abbé Mugnier, dann wird man den Verdacht
nicht los, dass die für Frankreich so typische Gattung der Moralistik weniger auf epochenspezifische Gemütslagen als auf lan-
desübliche Menüfolgen zurückgeht. Der Abbé war ein großer
Genießer und sein Beispiel zeigt, dass, ebenso wie die Zensur
den Stil verbessert, eine gewisse Enthaltsamkeit des einen die
anderen Sinne schärft. Aufs genaueste beschreibt er das Parfum
der Damen, die bei ihm beichten, und den Geschmack des
Himbeerkompotts, das er bei ihren Diners zu sich nimmt. Vom
Dekolleté der Prinzessin Bibesco spricht er mit sehnsuchtsvoller
Genauigkeit. Er war sich seiner Neigungen wohl bewusst und
schämte sich ihrer nicht. Als Laie wäre Mugnier vielleicht sogar
ein *homme à femmes* geworden. Als Kleriker wurde die Literatur
für ihn zu einer leidenschaftlichen, lebenslangen Kompensa-

tion. Kein treffenderes Symbol gibt es dafür als die Pressblumen der Colette, die er in seinem Brevier aufbewahrte.

Schnell kommt der Abbé in Mode. Die Einladungen zu Déjeuners und Diners häufen sich und es wächst die Zahl der Berühmtheiten, die er kennen lernt. Nach ein paar Abenden wird man bereits mit ihm intim: Duellanten wollen Mugnier in ihrer Nähe wissen, und sowohl Madame Valéry wie Valérys Geliebte erbitten seinen Rat. Folglich suchen auch Neid und Sehnsucht sich höhere Ziele: Als das Bankett der Académie Goncourt zwar mit Zola, Alphonse Daudet und Clemenceau, doch ohne ihn stattfindet, ist der Abbé auf den Tod betrübt, und wie gern wäre er an Stelle des Chemikers Berthelot, der bei der Exhumierung Rousseaus und Voltaires im Pantheon den Schädel des letzteren in seinen Händen hält!

Im März 1895 schickt Mugnier einen kleinen Aufsatz über Richard Wagner, dessen Bild in seinem Arbeitszimmer hängt, nach Bayreuth und wird von Cosima unverzüglich eines vier Seiten langen Antwortbriefes gewürdigt. Sechs Jahre später pilgert er nach Bayreuth und hört neben dem *Fliegenden Holländer* und *Siegfried* auch *Parsifal*, eine Oper, die in seinen Ohren klingt, als ob Wagner Chateaubriand vertont hätte. Bei einer Soirée in Wahnfried sitzt er neben der Tochter Franz Liszts und trinkt guten Weißwein, während Cosima schlecht über Nietzsche und über George Sand etwas besser spricht; dass er im Salon die einzige Soutane ist, notiert er voller Stolz.

Wie stets, enthüllen erst Krisenzeiten den Kern der Gesellschaft – auch jener, in welcher sich der Abbé bewegte, den stets mehr die Tafelliteratur als die Tafelmusik erfreute. Während der Kriegsjahre 1914 bis 1918 wird dabei die Schamgrenze des öfteren überschritten. Nie ist soviel von den literarischen und kulinarischen Glanzpunkten abendlicher Empfänge die Rede, als in dieser Zeit, da die Poilus in ihren Stellungen zu Hunderttausenden verbluten. Comtessen schwärmen von ihren Kriegsblinden, die sie einmal im Monat sehen, und zustimmend findet man die moralische Geographie Frankreichs bestätigt, als

eine im Lazarett von Châlons arbeitende Prinzessin berichtet,
die Verwundeten aus dem Midi trügen ihre Wunden im Rücken,
die aus dem Norden in der Brust, die aus der Bretagne dagegen
fast überall, »un peu partout«.

Der Abbé Mugnier war von patriotischem Überschwang
frei. Er hasste den Nationalismus. Aber seine Eitelkeit trug auch
während des Krieges den Sieg über seine Überzeugungen davon.
Er verabscheute Léon Daudet für einen Ausspruch, den jener zu
Kriegsbeginn tat: Jetzt gelte es, das deutsche Schwein verbluten
zu lassen. Er fand die Action française widerlich. Als aber Daudet
den Abbé einlädt, ihn in seinem Büro in der Action française zu
besuchen, da sagt er sofort freudig zu.

Als Mugnier 1944 starb – er wurde 91 Jahre alt –, hatte er
beinahe jedem die Hand gedrückt, der in Frankreich Rang und
Namen hatte. Er hatte den Aufstieg der Colette erlebt und die An-
fänge von Coco Chanel, die Prinzessinnen Noailles und Bibesco
hatten ihm ihre Affären gebeichtet und Gabriele d'Annunzio
hatte ebenso mit ihm diniert wie – natürlich im Ritz – Marcel
Proust. Ob nun der englische Premier oder Kerenski, Charles
Lindbergh oder der Herzog und die Herzogin von Windsor nach
Paris kamen – bei den exquisiten Empfängen, die sie mit ihrer
Gegenwart schmückten, war der Abbé Mugnier stets dabei.

Nie hat ein Priester so oft in der Stadt gespeist wie ich,
seufzt der Abbé; schon 1910 jammert er, dass er kein Auto besitzt, weil seine Bekanntschaften gar zu weit auseinanderliegen.
Die an Figaro erinnernde Geschäftigkeit, mit welcher er in seiner Soutane von Déjeuner zu Diner und vom Diner zum Frühstück eilt, lassen einen an das von Ernst Bloch überlieferte Wort
Georg Simmels denken, es gäbe nur fünfzehn Menschen auf
dieser Welt, doch diese bewegten sich derart schnell, dass man
meine, es seien viel mehr. Liest man das Tagebuch Mugniers und
versucht, seine Tagesabläufe zu rekonstruieren, so wird einem
leicht schwindlig. Dem fremden Beobachter kommt es so vor,
als hätte jeder Pariser Salon seinen eigenen Abbé gehabt.

Auch nach der Lektüre von mehr als 600 Tagebuchseiten

steht einem die Gestalt des Abbé nur schemenhaft vor Augen. Unverwechselbare Charakterzüge lassen sich an ihm nur schwer ausmachen. War er böse, war er gut? Wir wissen es nicht. Mehr noch, wir wollen es gar nicht wissen. Was immer er auch über sich schreibt – den Leser erfasst augenblicklich gähnende Langeweile. Nur weiter, ruft man ihm zu, halte Dich nicht mit Dir selbst auf, Du hast doch so viele interessante Leute gesehen! Mugnier behauptet, er habe seine kirchlichen Pflichten erfüllt, er habe seine Mutter geliebt, den Krieg gehasst, und nie sei er ein Nationalist gewesen. Na und? Am Ende wird dieser Ruhmsüchtige das Opfer aller Berühmtheiten, nach deren Bekanntschaft er sich seit frühester Jugend sehnte: Sie verdunkeln sein eigenes Bild bis zur Unkenntlichkeit.

Als Person uninteressant, fesselt der Abbé als Typus noch heute. Mugnier kümmert uns wenig. Welches aber war die Gesellschaft, die den Abbé hofierte und die ihn anscheinend so dringend nötig hatte? Das Milieu, in dem der Abbé sich bewegte, war die adlige Sozietät des Faubourg Saint-Germain und der Autoren, die sie beschrieben oder deren Bücher von ihr gelesen wurden. Bei einer spiritistischen Sitzung hielt der Abbé in seiner Linken die Hand der Comtesse de Greffulhe und die von Anatole France in seiner Rechten. Dies war seine Welt: Gräfinnen und Autoren waren in ihr heimisch.

Man könnte auch von der Welt der Guermantes sprechen, würde man nicht dem biederen Abbé durch den Vergleich mit Proust Unrecht tun. Im Faubourg Saint-Germain ragte nicht einmal mehr das Ancien Régime, sondern nur noch die Erinnerung an das Ancien Régime ins späte 19. und ins beginnende 20. Jahrhundert. Es war eine Generation von Söhnen und Enkeln, die nicht den Verlust eigener Macht betrauerte, sondern sich nur noch daran erinnern konnte, wie einflussreich ihre Ahnen einst gewesen waren. Es bedurfte der Besessenheit und des detailgenauen Fanatismus eines Marcel Proust, um diese Gesellschaft zum Leben zu erwecken. Im Grunde genommen war sie stets so fade und abgestorben, wie Proust sie im allerletzten Band der *Recherche* zeichnet. Im Gegensatz zur kraftvollen Melancholie ihrer Großväter war die Trauer dieser Adligen, ihr demonstrativ zur Schau gestellter Pessimismus, fast substanzlos.

In dieser Welt hatte der Abbé Mugnier eine Funktion. Hätte er die Soutane mit dem Zivil vertauscht, wäre er den Noailles und den Bibescos von keinerlei Nutzen gewesen. Wäre er als Sittenprediger oder Missionar aufgetreten, hätte man ihm die Tür gewiesen. Gewiss, es gab einige Damen der guten Gesellschaft, die ihm zuliebe die Messe besuchten, und einige ließen sich – aus purer Höflichkeit, hat man den Eindruck – sogar bekehren. Im Grunde genommen aber galt sein Glaube eher als Dekoration. Den Abbé Mugnier selbst scheint auch am *renouveau catholique* eines Claudel oder Rivière stets mehr der literarische als der spirituelle Aspekt interessiert zu haben. Zu den wenigen, die ihn hassten, gehörte Léon Bloy, der instinktiv spürte, dass hier jemand aus seiner Soutane Profit schlug. Proust jedoch bat den Abbé, nach seinem Tode noch für eine Viertelstunde zu ihm zu kommen. Mugnier versprach es und hielt sein Versprechen, ohne sich der Ironie der Situation bewusst zu werden.

Im Faubourg Saint-Germain und unter den Literaten, die der Abbé kannte, war die Ablehnung der Republik vorherrschend. Außerdem war man aus Prinzip freisinnig, und wenn man gerade noch Deist war, machte man sich zumindest über die Kirche lustig. Gerade darin aber lag das Problem: In der Dritten Republik waren der Anti-Republikanismus und der Anti-Katholizismus nur schwer miteinander vereinbar. Denn die Republik predigte die Ideologie des Laizismus, und wer gegen die Kirche war, lief Gefahr, ob er es nun wollte oder nicht, als Parteigänger der Republik identifiziert zu werden. Sich wieder der Kirche in die Arme zu werfen, erschien denen als ein zu hoher Preis, die die Republik ablehnten und denen an der Stimmigkeit ihrer Weltanschauung lag. Hier kam der Abbé zu Hilfe. Von Salon zu Salon eilend, mit wehender Soutane und von einer fast unheimlichen Präsenz, erlaubte er es der Gesellschaft des Faubourg Saint-Germain, die Kirche zu meiden, ohne sich demonstrativ von ihr fernzuhalten. Den Abbé als Gast zum Mahl zu laden, bedeutete eine Art von Absolution.

Einzigartig ist der Fall des Abbé Mugnier durch das Ausmaß, mit welchem hier ein einzelner das Weltbild einer Gruppe stabilisiert, der er nicht angehört.

VI. Ein Drittel falsch, ein Drittel erfunden, der Rest genial: André Malraux

Drei Jahre Gefängnis. So lautete das Urteil des Gerichts in Pnom Penh. Der im Juli 1924 wegen Kunstraubs und Betrugs verurteilte Angeklagte war ein 23 Jahre alter Franzose. Durch Börsenspekulationen ruiniert, hatte er versucht, wertvolle Khmer-Reliefs aus den Tempeln nahe Angkor nach Paris zu schaffen. Unerklärlich blieb, wie er seine kriminellen Absichten gegenüber dem Kolonialministerium in Paris verschleiern und von diesem sogar ein Stipendium für seine Reise nach Indochina erhalten konnte. Der Verurteilte hatte kein Abitur, neben Spekulationsgeschäften hatte er sich mit dem An- und Verkauf seltener Bücher über Wasser gehalten, vor dem Wehrdienst hatte er sich gedrückt und seiner jungen Frau Clara hatte er nach der Hochzeit versichert, eines im Leben auf gar keinen Fall tun zu wollen: zu arbeiten. Er legte in Saigon Berufung gegen das Urteil von Pnom Penh ein. Eine Gruppe französischer Schriftsteller appellierte an das Gericht, den Autor einer Handvoll Artikel und eines Büchleins, das in hundert Exemplaren gedruckt worden war, freizusprechen. Dazu gehörten André Breton, François Mauriac, André Maurois und André Gide. Das Gericht zeigte sich beeindruckt. Die Strafe wurde auf ein Jahr Gefängnis mit Bewährung reduziert. André Malraux war wieder ein freier Mann.

Malraux war auf dem Weg ins Pantheon – und er wusste es. Das Leben dieses »écrivain de naissance«, in dem Bluff und Courage sich immer mischten, war eine einzige tollkühne Antizipation. Malraux verkaufte Kunstwerke, die er noch gar nicht gesehen hatte, er spielte den Schriftsteller, ohne eine Zeile geschrieben zu haben, er hatte noch nicht gekämpft und ließ sich bereits als Revolutionär feiern. Als ihn 1945 der General de Gaulle im Namen Frankreichs bat, in die Regierung einzutreten und am Wiederaufbau des Landes mitzuwirken, war Malraux keinesfalls erstaunt: »Ich neige dazu, mich für nützlich zu halten«, war sein erster Kommentar.

Außenstehenden und Familienangehörigen wird ein ähnliches Urteil lange Zeit schwergefallen sein. Der am 3. November 1901 in ein bürgerliches Pariser Milieu hineingeborene André schlug wie ein Aristokrat mit untrüglichem Instinkt jede Karriere aus, die ihm früh Sicherheit gebracht und später den Ruhm verhindert hätte. Auch die Bohème war für Malraux kein Ziel, sondern nur eine Etappe. 1928 erschien sein erster Roman, Les Conquérants, der eine Episode der chinesischen Revolution schilderte. Jedes Mitglied der Pariser Intelligentsia äußerte sich dazu. Die Nouvelle Revue française widmete dem »bemerkenswerten Buch« eine lange Besprechung. Ihr Autor hieß Leo Trotzki. Mit 27 Jahren war André Malraux berühmt.

Seinen Ruhm verdankte Malraux nicht zuletzt der Weigerung, zwischen Literatur und Leben einen Unterschied zu machen. Später spottete er über Sartre, der es bereits für »engagierte Literatur« hielt, wenn er an seinem Tisch im Café Deux Magots schrieb und die Pamphlete maoistischer Gruppen auf der Straße verkaufte. Er dagegen, Malraux, hatte mit Mao selbst über Gott und die Welt gesprochen, in Spanien gekämpft und die Résistance organisiert und konnte ein Maschinengewehr bedienen. Und immer schrieb er dabei. Engagierte Literatur? Für ihn war der Begriff ein Pleonasmus.

In der Dramatisierungsfalle

Weil er jeden Augenblick seines Lebens für literaturfähig hielt, geriet der junge Malraux in eine Dramatisierungsfalle, aus der er sich nie mehr befreien sollte. Weil es in diesem Leben keine Routine und nichts Gewöhnliches geben durfte, musste im Rückblick Alltägliches daraus verschwinden und in jeder Episode dem Außergewöhnlichen Platz machen. Dazu halfen

die Einbildung, eine sorgfältig gesteuerte Erinnerung, systemati-
sche Übertreibungen und, wenn es anders nicht ging, die Lizenz
des Genies zur Unwahrheit. Olivier Todd ist in seiner Biographie
so weit gegangen, Malraux als chronischen Lügner hinzustellen.
Angemessener wäre es, von einem Leben dauernder Selbsttäu-
schung zu sprechen.

Nach seinen Abenteuern in Kambodscha und Vietnam war
Malraux auf dem Umweg über China nach Hause zurückgekehrt. Als *Les Conquérants* erschien, fand sich darin folgende bi-
ographische Notiz des Autors: »Mitglied des Direktoriums der
Partei Junges Annam (1924), Kommissar der Kuo-min-tang für
Cochinchina (1924–1925), Propagandabeauftragter für die natio-
nalistische Bewegung in Kanton (1925)«. Es war ein Schutzwall
um seinen Lebenslauf, hinter dem sich der peinliche Kunstklau
wirksam verstecken ließ. Hatten Sun Yat Sen und Chiang Kai-
shek auf einen Pariser Dandy gewartet, um die Einheit Chinas
wiederherzustellen? Warum schüttelten die Leser nicht ungläu-
big den Kopf? André Malraux verkörperte seine Rolle zu gut, als
dass man an der Authentizität seiner Aussagen hätte zweifeln
wollen. 1933 fiel ihm für seinen ebenfalls während der chinesischen Revolution spielenden Roman, *La Condition humaine*, wie
selbstverständlich der Prix Goncourt zu.

Trotzki hatte Malraux die blasierte Überheblichkeit seines
ersten Romans vorgeworfen. Malraux, der immer beeindrucken,
aber nie gefallen wollte, dementierte nicht. So schnell sprach er,
dass man ihn kaum verstehen und ihm nur selten widerspre-
chen konnte. Zu den wenigen, die ihn verstanden und durch-
schauten, gehörte sein Freund Raymond Aron, der alle Bücher
gelesen hatte, über die Malraux bloß redete. Von ihm stammt
die boshafte Berechnung, in den Reden seines »copain« sei
stets ein Drittel falsch, ein Drittel unverständlich und ein Drittel
genial gewesen.

Raffiniert nutzte Malraux eine fiktive Systematik. Kaum
einem Zuhörer fiel auf, dass er beinahe jede Rede mit einem
emphatischen »Erstens« begann, ohne dass darauf je ein »Zwei-

tens« gefolgt wäre. »Stil« war eines seiner Lieblingsworte. Es hatte seine Bedeutung in den Romanen wie in der Realität. Die rauchige Stimme, das unentwegte Räuspern, mehr als ein nervöser Tic und die ewige Zigarette im ironisch verzogenen Mundwinkel gehörten ebenso dazu wie die Haarsträhne, die Malraux so gekonnt in die Stirne fallen ließ, dass er aussah wie ein Romantiker aus dem vergangenen Jahrhundert. Er war ein Meister der Selbstinszenierung.

André Malraux aber inszenierte nicht nur sein eigenes Leben – er verwandelte, wenn es ihm notwendig erschien, auch die geheimnisarme Realität in eine spannende Fiktion. 1934 überfliegt er mit dem Piloten Corniglion-Molinier die Sandwüsten des Yemen, weil er dort den Palast der Königin von Saba zu finden hofft. Dass Archäologen versichern, die Suche nach dem Schauplatz einer Legende sei sinnlos, stört ihn nicht. Er riskiert sein Leben, weil er der Bibel und dem Koran vertraut; dem nüchternen Urteil der Experten setzt er den tollkühnen Enthusiasmus des Dilettanten entgegen. Außerdem hat ihn, den Zeitgenossen Lindberghs und Antoine de Saint-Exupérys, die Begeisterung für die Fliegerei gepackt. Bald wird aus dieser Begeisterung eines Zivilisten kriegerischer Ernst.

Ein Rest an Ritterlichkeit

Im Juli 1936 wird in Spanien Calvo Sotelo, der Führer der spanischen Sozialisten, ermordet. Der Putschgeneral Franco ruft die Nationalisten auf, im ganzen Land »eine Atmosphäre des Terrors« zu verbreiten. Der Bürgerkrieg beginnt. André Malraux reagiert, als ob er den Krieg seit langem erwartet hätte. In Frankreich ist die Regierung Léon Blums zu instabil, als dass sie den Republikanern öffentlich und massiv helfen könnte. Malraux aber unterschreibt nicht nur eine Solidaritätsadresse der französischen Schriftsteller, sondern organisiert die ersten Flugzeuge für die bedrohte Republik. Er hat gute Beziehungen zum

französischen Luftfahrtminister. Dessen Kabinettschef ist Jean
Moulin, der spätere Heros der Résistance. So formiert sich das
Geschwader España, das mit fünf Mann Besatzung beginnt und
130 Mann zählt, als es später in die reguläre republikanische
Luftwaffe eingegliedert wird. Trotz fürchterlicher Grausam-
keiten überlebte in diesem Bürgerkrieg ein Rest an Ritterlich-
keit: Am Boden töteten die Bomben auch Zivilisten, doch am
Himmel fanden noch Zweikämpfe statt. In der Luft ein »guerre
d'hommes« – der letzte in Europa. Über Malraux' Engagement
in Spanien liegt ein melancholischer Glanz, der sich in seinem
1937 erschienenen Roman L'Espoir erhalten hat.

Die Piloten, die Malraux engagierte, waren überwiegend
ausländische Söldner, denn Einheimische hätten gezögert, ihre
eigenen Städte zu bombardieren. 50.000 Francs verdienten sie
im Monat, zehn Mal soviel wie ein Leutnant im spanischen
Heer. Wie oft Malraux an Kampfeinsätzen teilnahm, ist um-
stritten. Böse Zungen lästerten, er habe sich meist am Boden
aufgehalten und sich dafür extra eine Uniform von Lanvin
schneidern lassen. Paul Nothomb dagegen, der selbst Mitglied
des Geschwaders war, bezeugt, dass Malraux als Maschinenge-
wehrschütze kämpfte, auf dem Kopf die Fliegermütze, meist in
Zivil, nie ohne Krawatte.

Nach Kriegsende behaupteten die spanischen Kommunisten, Malraux sei im Bürgerkrieg zu nichts nütze gewesen, er
habe der Republik eher geschadet. Es war ein Versuch, Malraux
die Distanz heimzuzahlen, die er der Kommunistischen Partei gegenüber gewahrt hatte. Doch dieser Abstand war hauch-
dünn. In Spanien hatte Malraux resigniert zugesehen, wie die
Kommunisten die Anarchisten beseitigten. Doch er schwieg, er
schrie nicht auf wie George Orwell. Und als er in New York
versuchte, Geld für die Republikaner aufzutreiben und ihm die
Säuberungen Stalins vorgehalten wurden, ging seine Loyalität
gegenüber der Linken weit: So wie die Inquisition nicht der
Würde des Christentums geschadet habe, könnten die Moskauer
Prozesse nicht die Sache des Kommunismus beschädigen. Mal-

raux dachte nicht daran, Mitglied der Partei zu werden. Aber er konnte sich auch nicht zu einer öffentlichen Kritik des Stalinschen Terrors entschließen – aus Furcht, wie er behauptete, auf diese Weise dem Faschismus in die Hände zu arbeiten. Es war die gängige Ausrede der »fellow travellers«, die noch auf lange Zeit den Gulag rechtfertigen sollte.

Widerständler in letzter Minute

Als der spanische Bürgerkrieg beendet war, hatte Malraux bereits neue Pläne: Er wollte nach Chile aufbrechen, um dort die Volksfront zu unterstützen. Der Krieg in Europa kam dazwischen. Ein »drôle de guerre«, wie der Historiker Marc Bloch ihn nannte, war dieser Krieg zunächst auch für Malraux. Kaum eingezogen, war er bereits gefangen genommen und wurde von deutschen Sanitätern wegen einer kleinen Blessur versorgt und mit Süßigkeiten verpflegt. Aufforderungen, sich der Résistance anzuschließen, widersetzte André Malraux sich lange Zeit. Als Spanienkämpfer hatte er es nicht nötig, Soldat zu spielen und sich für eine aussichtslose Sache in Gefahr zu begeben. Vielleicht ist es das Vorbild seiner beiden Halbbrüder, die sich schon früh dem Maquis angeschlossen hatten, das ihn schließlich doch in den Widerstand führt. Einfacher »Maquisard« aber kann ein André Malraux nicht sein. Er befördert sich selbst, einen eigenen Romanhelden nachahmend, zum »Colonel Berger« und versucht, zu einem Chef der Résistance zu werden. »Berger« wird von den Deutschen gefangen genommen, muss die Tortur einer Scheinhinrichtung über sich ergehen lassen und kommt schließlich frei. Mit der Brigade Alsace-Lorraine wird er in den letzten Kriegsmonaten in heftige Kämpfe verwickelt, als es gilt, Straßburg gegen die Offensive Rundstedts zu verteidigen.

Malraux wird spät zum Widerständler – rechtzeitig genug, um später daraus Kapital zu schlagen, wenn es nottut. Als Simone de Beauvoir und Sartre ihn attackieren, erinnert er kühl

daran, dass er vor einem deutschen Erschießungskommando
stand, als Sartre mit Billigung der Nazi-Zensur seine Stücke in
Paris aufführen ließ. Aber er gehört nicht zu denen, die Rache
nehmen, und findet die Säuberungen des Schriftstellerver-
bandes widerlich. Er bewahrt sich seine Achtung für Faschisten
wie Drieu la Rochelle, der später Selbstmord begeht, und setzt
sich für Lucien Rebatet ein, der ihm unter dem Vichy-Regime
übel mitgespielt hatte. Haltungen zählten für Malraux mehr als
Programme. Nie hat er den Boden Franco-Spaniens betreten
und nicht erlaubt, dass auch nur eine einzige Zeile von ihm in
dem von den Nazis besetzten Teil Frankreichs gedruckt wurde.

De Gaulle und Tintin

Sein erstes Treffen mit dem General de Gaulle beschreibt
Malraux in Worten, die an die erste Begegnung Bossuets mit
Ludwig XIV. erinnern. Der Monarch wusste sofort, dass er seinen wichtigsten Ratgeber, der Mann des Wortes spürte, dass er
seinen Souverän gefunden hatte. Wie groß aber auch immer die
Sympathie de Gaulles für Malraux gewesen sein mag – sie hin-
derte ihn nicht daran, dessen Wunsch nach einem »richtigen«
Ministerium, Inneres oder Auswärtige Angelegenheiten, nicht
zu erfüllen. Dem General war bewusst, wo die Grenzen des po-
litisierenden Intellektuellen liegen.

Im ersten Kabinett de Gaulles unmittelbar nach dem Krieg
war Malraux Informationsminister und später für die »affaires
culturelles« zuständig. Er schirmte die linke Flanke des Gaullis-
mus ab. Für Malraux war de Gaulle keineswegs der Reaktionär,
für den ihn seine Gegner hielten, sondern der einzige echte
Sozialreformer, den Frankreich seit der Volksfront Léon Blums
gekannt hatte. Sein Wunsch, die plebiszitären Elemente der Demokratie zu stärken, machte ihn fast zu einem Neosozialisten.
Als der Minister Malraux von Schriftstellerkollegen aufgefordert
wurde, gegen die französische Tortur in Algerien zu protestie-

ren, entgegnete er prophetisch, der letzte Kolonialkrieg werde sich eher im Kabinett des Generals beenden lassen als an den Tischen des Café Flore.

In seinen Erinnerungen gab Malraux dem Pathos des Generals, das er auch in seinem Privatleben nicht abstreifte, liebenswerte Züge. Der große Mann, dessen Augen an Babar den Elefanten erinnerten, kannte Laurel und Hardy und nannte als seinen einzigen Konkurrenten um Anerkennung in der Welt – Tintin. Beide ließen sich von den Großen nicht an der Nase herumführen und de Gaulle fügte hinzu: »Wegen des Größenunterschiedes merkt man nicht gleich, wie ähnlich wir uns sind.«

Malraux ordnete an, in den französischen Provinzen Kulturhäuser zu errichten und die Pariser Baudenkmäler zu säubern, er begleitete die Mona Lisa nach Amerika und bezauberte Jacqueline Kennedy. Er machte die auswärtige Kulturpolitik Frankreichs zu einer wahren »Force de frappe«. Wie eine Abbitte für den Kunstraub seiner frühen Jahre klang das Versprechen des Ministers Malraux, aus Frankreich das Depot der indigenen und schutzbedürftigen Kulturen zu machen.

Kulinarische Unsterblichkeit

Neben dem Ruhm hatte Malraux jetzt auch Macht, aber immer noch nicht genügend Geld. Dennoch lebte er mit seiner zweiten Frau Madeleine, der Witwe seines Halbbruders Roland, in Boulogne in einem Luxus, der den General de Gaulle genierte. Malraux wurde nicht Mitglied der Académie française, aber dennoch unsterblich, denn sein Pariser Lieblingsrestaurant, das »Lasserre«, benannte ein Gericht nach ihm, das »Pigeon André Malraux«. Es handelt sich um ein entbeintes, mit einer Farce gefülltes Täubchen, zu dem Pfifferlinge serviert werden. Dazu trank Malraux einen Château Pétrus. Auch zu Hause kamen die Desserts von Fauchon und Lenôtre.

Und dann ließ sich auch mit Büchern viel Geld verdienen. Den größten kommerziellen Erfolg hatte der Autor Malraux mit seinen *Antimemoiren*, deren zweiter Band 1976, in seinem Todesjahr, erschien. Er wollte sich ein Denkmal setzen, doch hat er gerade mit diesem Buch bei vielen Lesern Sympathien verspielt. Wahrheit und Legende mischen sich wie stets bei Malraux, auf eine fast unverschämte Weise werden die Gesetze der Chronologie und der Geographie missachtet. Der Autor hält sich auf schwindelnder Höhe: es sind lauter letzte Dinge, über die Malraux mit Mao und Nixon, mit Nehru und Léopold Sédar Senghor spricht.

Man hätte Malraux seine Flunkereien gerne verziehen, wenn er ihnen auch nur ein Gran Selbstironie beigemischt hätte. Dazu aber war er nicht fähig. Weil er über sich nicht lächeln konnte, nahmen Kritiker und Gegner sein Buch bitterernst. Was sollte man beispielsweise von seinem Besuch bei Mao halten? Schon früh hatte Malraux den Eindruck erweckt, Mao Tse-tung bereits in den zwanziger Jahren kennen gelernt zu haben. Das war ein geschickt lanciertes Gerücht – nichts weiter. Doch als Richard Nixon Malraux fragte, wann er Mao »zum ersten Mal« gesehen habe, tat er so, als ob er mit dem großen Vorsitzenden regelmäßig konferierte. Präsident Nixon hatte Malraux nach Washington eingeladen, um sich vor seinem China-Besuch Rat zu holen. Sie passten gut zueinander – der Schriftsteller, der vorgab, so viel erlebt, der Politiker, der beteuerte, so viel gelesen zu haben.

Nach dem Erscheinen der *Antimemoiren* war Malraux für viele nichts weiter als ein schrecklicher Angeber. Man erinnerte sich daran, dass Malraux auch aus einem knapp halbstündigen *tête-à-tête* mit de Gaulle eine politisch-philosophische Tagestour gemacht hatte, man vergaß nicht, dass er, der für Fremdsprachen denkbar unbegabt war, stets den Eindruck erweckte, Latein und Griechisch, den Großteil der orientalischen Sprachen sowie Mandarin zu beherrschen, man blickte genauer in seine vielen Bücher über Bildende Kunst und fand, dass darin viel Pathos und wenig Empirie war. Malraux hatte diese Reaktionen provoziert. In ihrer Heldenverachtung aber schossen vor allem angelsächsische Kritiker weit über das Ziel hinaus. Man konnte Malraux seine Übertreibungen verübeln, nicht aber seine Ehre nehmen.

Verabschieden von Malraux sollte man sich mit »Lazare«, dem Bericht seines Krankenaufenthaltes in der Salpêtrière, der ihn fast das Leben kostete. Wie in einem Traum ziehen Erlebtes und Verdrängtes an dem Kranken vorüber. Die Schilderung des deutschen Gasangriffs an der Ostfront des Ersten Weltkriegs – sie wird aus dem Roman *Les Noyers de l'Altenburg* übernommen – lässt den Leser wie in einem Alptraum erstarren.

Malraux lebte auch große Teile seines privaten Lebens in der Öffentlichkeit, aber er gab sich nie völlig preis. Es war ein Leben voller Glanz und voller Wunden. Die ihm liebsten Menschen kamen bei Unfällen zu Tode: Ein Halbbruder wurde von der Gestapo ermordet, der zweite versank als Gefangener mit der »Cap Arcona« vor Lübeck in der Ostsee, Josette Clotis, seine Geliebte, wurde von einem Zug überfahren und seine beiden Söhne starben bei einem Autounfall. Für sie ließ der Agnostiker Malraux, der kein Atheist sein wollte, eine Messe lesen.

Malraux, dessen größte Stärke vielleicht ein aus Trauer geborenes Pathos war, hat öffentliche Totenreden gehalten, von denen einige in ihrer Wucht und Tiefe an die großen französischen Prediger wie Bossuet erinnern. Die eindrucksvollste Rede galt Jean Moulin, dem Chef der Résistance, den keine Folter der Nazis zum Sprechen bringen konnte. Am 23. November 1996 wurden die sterblichen Überreste von Malraux ins Pantheon überführt. Dort ruht er an der Seite Jean Moulins. Viele hielten diese Ehrung für übertrieben, manche nannten sie sogar lächerlich.

Aber in Frankreich wird jeder große Mann zwei Mal bestattet. André Malraux starb am 23. November 1976. Er wurde auf dem Friedhof von Verrières-le-Buisson begraben. Auf seinen Sarg legte man zwei Buketts aus roten Blumen. Das eine stammte von der Kommunistischen Partei Frankreichs, das andere aus dem Restaurant Lasserre.

VII. Das Chamäleon des 20. Jahrhunderts:
Jean-Paul Sartre

Nur die Lektüre gab dem jungen Rekruten Lebensmut. Aus der Erziehungsanstalt hatte sich der Achtzehnjährige in den Militärdienst geflüchtet. Außerhalb der Kaserne Langeweile und im Soldatenalltag eine unerträgliche Disziplin: Am schlimmsten aber war die Aussicht, über Nacht nach Indochina abkommandiert zu werden. Bücher waren es, die ihn vor Verzweiflung bewahrten: Er las Proust, Balzac und einen Gegenwartsautor, an dem er die Klarheit der Gedanken, die trockene Intelligenz, die Willenskraft und die Erkenntnis schätzte, dass der Mensch auf sich gestellt und alleine für seine Handlungen verantwortlich ist.

Wir befinden uns im Jahr 1951, der junge Rekrut heißt François Truffaut, der von ihm bewunderte Autor ist Jean-Paul Sartre. Knapp zwanzig Jahre später – das Foto eines Passanten hat die Szene festgehalten – verkauft Truffaut zusammen mit Simone de Beauvoir und Jean-Paul Sartre auf den Strassen des Pariser Quartier Latin das verbotene maoistische Blatt »La Cause du Peuple«. Gegenüber der Polizei gibt er zu Protokoll, weder Maoist noch »pompidoliste« zu sein; der künftige Regisseur von »Fahrenheit 451« fühlt sich lediglich verpflichtet, jede Form der Zensur zu bekämpfen. Dies an der Seite Sartres zu tun, ist für ihn eine Auszeichnung. Gemeinsam mit Sartre hatte Truffaut eine Reihe von politischen Fernsehsendungen geplant. Ihre Ausstrahlung verhinderte der französische Premierminister Jacques Chirac.

In den Briefen François Truffauts spürt man, wie groß die Bewunderung für den Autor und Aktivisten Sartre einst gewesen ist. Als er 1980 starb, folgten auf dem Montparnasse Zehntausende seinem Sarg. So viel hatte man von ihm noch erhofft, dass Juliette Gréco klagte, ein junger Mann sei gestorben. Ein kleiner Junge, den ein Besucher fragte, warum die Strassen schwarz von Menschen seien, gab zur Antwort: »Wir demonstrieren gegen den Tod Sartres.« Anfang des 21. Jahrhunderts aber war die Erinnerung an den Romancier, Philosophen und Agitator bereits verblasst. Zu zeitgebunden war sein Werk, zu grotesk waren seine politischen Irrtümer, zu widersprüchlich zeigte sich im Rückblick seine Weltanschauung, als dass es lohnend schien, ihn noch zu lesen. Jetzt wird die Erinnerung an Sartre wieder wach. In seiner monumentalen Studie *Sartre. Der Philosoph des 20. Jahrhunderts* (*Le Siècle de Sartre. Enquête philosophique*) ruft Bernard-Henri Lévy einen Scheintoten ins Leben zurück.

Für Lévy ist die Geschichte der Literatur ein immer wieder erneuerter Generationenvertrag: Ihre Kontinuität wird dadurch gewahrt, dass ein großer Schriftsteller sich nicht in seine Einzigartigkeit verpuppt, sondern einen Erben sucht »und ihm die Fackel, das Staffelholz weiterreicht«. Einen solchen Vertrag schlossen beispielsweise Maurice Barrès mit François Mauriac und Paul Morand mit Roger Nimier. Und als André Gide, »der alte Literaturbonze«, gegen Ende seines Lebens einsehen musste, dass seine Vormachtstellung vorüber war, erwählte er Sartre zu seinem Nachfolger und gab ihm den Ritterschlag. Und Sartre selbst? Bernard-Henri Lévys gesunde Eitelkeit geht nicht so weit, auszusprechen, was jedermann zwischen den Zeilen seines Buches zu lesen vermag: BHL, der Ewig-Jugendliche unter den französischen Intellektuellen der Gegenwart, ist der legitime Erbe Jean-Paul Sartres. »Er ist der junge Mann; er sorgt für frischen Wind, für Kühnheit, Modernität, Freiheit des Geistes« schreibt Bernard-Henri Lévy über Sartre – und meint damit auch sich selbst.

Biographien wirken dann besonders lebendig, wenn sie, offen oder versteckt, auch ein Stück »Selbsterlebensbeschreibung« ihres Verfassers sind, wie Jean Paul dies einmal nannte. *Sartre* ist ein in Verehrung sprühendes, in der unabweisbaren Kritik an seinem Gegenstand nervös vibrierendes Buch, es ist

ein selbstloser und selbstbewusster Kraftakt zugleich, Autoren-
rettung und verborgene Autobiographie.

Die »Schreibhemmung« ist den Franzosen fremd; im »Larousse« sucht man vergebens nach einem Äquivalent für das
deutsche Wort oder den englischen *writer's block*. Jean-Paul Sartre
kam bereits als Autor auf die Welt. Als kleiner Junge berichtete
er seiner Mutter voller Stolz, er könne auch im Dunkeln schreiben. In ihm war – Sartre konnte Chateaubriand nicht leiden,
aber dieser Ausdruck des Verfassers des *Génie du Christianisme* ge-
fiel ihm – Tag und Nacht eine Maschine zum Büchermachen am
Werk. Über den alten Sartre hätte man wie Mauriac über den
alternden Proust sagen können: Er war nur noch eine schreibende Hand.

Marcel Proust, dessen eigene Identität hinter der Doppel-
person Swanns und des Erzählers der *Recherche* allmählich verschwand, hatte sich energisch gegen die Gleichsetzung des poetischen mit dem realen Ich verwahrt. In seiner Streitschrift *Contre
Sainte-Beuve* attackierte er den größten französischen Kritiker, der
es gewagt hatte, literarische Produktionen aus den Lebensum-
ständen ihrer Autoren heraus zu interpretieren. So wirksam war
Prousts Angriff, dass Sainte-Beuve, dieser große Leser, bald von
niemandem mehr gelesen wurde. Man muss daran erinnern,
wenn man das Bedauern Bernard-Henri Lévys darüber verstehen will, »dass Sartre uns nicht sein *Pour Sainte-Beuve* hinterlassen
hat«. Gegen Marcel Proust hätte Sartre darauf beharrt, dass die
an Konflikten reiche, aber untrennbare Verflechtung des literarischen und des persönlichen Ich die Voraussetzung für die Authentizität des Autors darstellt.

Die Authentizität Sartres liegt nicht in der Geradlinigkeit, in
der Leben und Werk übereinstimmen. Simone de Beauvoirs Buch
Pour une morale de l'ambiguïté war die »Ethik«, die Sartre geplant, aber
nicht geschrieben hatte. Der Titel enthielt den Schlüsselbegriff
zum Verständnis Sartres, dieses Chamäleons des 20. Jahrhunderts.
»Es ist immer zum eigenen Vorteil, wenn man sich auf Zweideu-
tigkeiten einlässt« – mit dieser Behauptung muss Bernard-Henri

Lévy sich Mut gemacht haben, ein Buch über den »Jahrhundert-Menschen« Sartre zu schreiben. Den Anlass dazu gab die Lektüre seiner Werke und die herausfordernde Unvereinbarkeit der Episoden, in denen die Erinnerung an Sartre weiterlebte.

1989, gerade war die Mauer gefallen, besuchte BHL in Berlin einen »Beweihräucherer des Stalinismus«, der, so schreibt Lévy, mit allen Verbrechen des SED-Regimes einverstanden gewesen war und sie mit seiner Autorität gedeckt hatte. Ohne Scham und Bedauern gab er seiner sicheren Hoffnung Ausdruck, dass man in den Kommunisten einmal die wahren Demokraten ehren würde. Wie zum Beweis zog er aus seinem Bücherregal den Roman *Zeit der Reife* hervor und zeigte voller Stolz auf die Widmung: »Für Stephan Hermlin, der es verstanden hat, aus seiner Freiheit eine gewollte Freiheit zu machen, in Freundschaft Jean-Paul Sartre.« Drei Jahre später kauerte Bernard-Henri Lévy in Sarajewo mit bosnischen Philosophen in einem Keller, wo sie, vor den serbischen Scharfschützen sicher, miteinander Sartres Abhandlung *Fragen der Methode* lasen, die sich mit dem Verhältnis von Existentialismus und Marxismus beschäftigte.

»Wie konnten sich zur gleichen Zeit abgefeimte Stalinisten und echte Widerstandskämpfer auf dasselbe Werk berufen?« Antwort: Weil auch Sartre selbst abgefeimter Stalinist und (fast) ein Widerstandskämpfer war. Sartre, das war, in einer Person, eine *folie à deux*.

Auf der einen Seite ein Bohémien, der Philosoph der prekären Freiheit, eine einsame Ein-Mann-Partei, ein Anarchist und Surrealist und ein Ungläubiger in allen Kirchen, auch in den weltlichen, die man Ideologien nennt – auf der anderen Seite ein Propagandaschreier und Mitläufer, der Antikommunisten als Hunde beschimpfte, Chruschtschows Liberalismus tadelte und über Solschenizyns Leiden im Gulag spottete, der in Fidel Castro die Verkörperung des reinen Humanismus erblickte, den General de Gaulle einen Faschisten nannte und die Französische Revolution für unvollendet hielt, weil ihr nicht genug Menschen zum Opfer gefallen waren.

BHL macht deutlich, wo seine Sympathien liegen – aber er weiß, dass er Sartre nicht teilen kann, um ihn ganz zu besitzen. Der Fall Sartre ist die Wiederaufnahme des Falles Heidegger. Denn auch Heideggers Philosophie lässt sich vom Nationalsozialismus nicht trennen, die Philosophie nicht von der Politik, die Privatperson nicht vom Philosophen. Ein unerträgliches Manöver nennt Bernard-Henri Lévy den Versuch, in Heidegger das Oberflächen-Ich, das Mitglied der NSDAP wurde, vom Tiefen-Ich des Denkers zu trennen: »In ebendiesem Werk, inmitten der bewundernswertesten Texte, vermischt mit dem Besten, Erhabensten, Fruchtbarsten, das seine scheinbar nur an den Sachen interessierte begriffliche Arbeit zutage fördert, taucht die Infamie auf.« So schreibt Bernard-Henri Lévy über Heidegger, so denkt er, voller Schmerz, über Sartre.

Umso überzeugender ist sein Plädoyer, Sartre von der Anklage der Kollaboration freizusprechen. Sartre war kein Märtyrer wie der Mathematiker Jean Cavaillès, der von den Deutschen gefoltert und ermordet wurde. Er hatte nicht den Mut eines Georges Canguilhem, der von seinem Lehrer Alain als militanter Pazifist erzogen wurde und sich nach dem Einmarsch der Nazis wie selbstverständlich der Résistance anschloss, weil die Zeit des Pazifismus vorüber war. Sartre war weder Held noch Kollaborateur. Mit seinen Texten aber leistete er Widerstand, wie Bernard-Henri Lévy mit ebenso überraschenden wie überzeugenden Interpretationen zweier Theaterstücke zeigt: der *Fliegen*, die mit Zustimmung der deutschen Zensur im besetzten Paris gespielt wurden, und des Mysterienspiels *Bariona*, das Sartre Weihnachten 1940 im Gefangenenlager bei Trier aufführen ließ. Sartre selbst beschrieb die Zeit im Lager als die glücklichste Periode seines Lebens. Hier erfuhr er Freundschaft, Solidarität und die Grenzenlosigkeit der Gemeinschaft. Hier wurde aber auch der Mitläufer geboren, der sich später mit kommunistischen Gewaltherrschern gemein machte.

Mit Spinoza und Voltaire bildet Jean-Paul Sartre für Bernard-Henri Lévy die Achse der großen Aufrechten und zugleich

Verhassten. Noch zu seinen Lebzeiten wurden seine Schriften auf den Index gesetzt, aber nicht nur das Heilige Offizium verdammte ihn. Der Direktor des *Figaro* verlangte, Sartre zu exorzieren, ihn mit Schwefel zu bestreichen und auf dem Vorplatz von Notre-Dame zu verbrennen. Den Existentialismus verglichen Philosophen mit einer Kloake, durch die man nur auf Stelzen waten könne. Sartre, dessen »Durst nach Martyrium« nicht nur François Mauriac auffiel, mag ein morbides Vergnügen an solchen Beschimpfungen gefunden haben. Skandalös wirken sie heute nicht mehr. Schlimmer ist das Schweigen, das auf sie folgte. Die Hasstiraden, die Lévy aus den Archiven ans Tageslicht fördert, wirken wie versteinerte Exkremente. Sie sind farb- und geruchlos geworden, man braucht die Nase nicht mehr zu rümpfen.

Bernard-Henri Lévys Buch ist keine Apologie. Er will die Motive derer bloßstellen, die Sartre mit ihrem Hass verfolgten, aber mehr noch liegt ihm daran, zu erklären, warum er Sartre schätzt, ja liebt. »J'aime« ist einer der häufigsten Satzanfänge in seinem Buch. BHL bewundert an Sartre das naive Gefallen am Ruhm, das sich schon früh äußerte und ihn später in der dritten Person vom »jungen Sartre« sprechen ließ. BHL beneidet Sartre darum, dass dieser aus seiner Philosophie eine Lebenslehre machen konnte, die über den Hörsaal hinaus auf den Strassen und in den Bistros wirksam wurde.

Diderot hatte verlangt, der Intellektuelle solle gegen den Strich argumentieren, schließlich sei er ein widerspenstiges System. Widerspenstig verhält sich Bernard-Henri Lévy, weil er gängigen Vorstellungen über die Person und das Werk Sartres mit Lust widerspricht. Den Autor des *Ekels* und der *Schmutzigen Hände* stellen wir uns als einen humorlosen und verkniffenen Menschen vor. Nichts falscher als das, ruft BHL und beschreibt die »äußerst erträgliche Leichtigkeit« des Sartreschen Seins, lässt uns teilhaben an einem Leben voller Schabernack und einer Karriere im Schweinsgalopp. Er erinnert an einen fröhlichen Condottiere und Anti-Melancholiker, der sich von der Religion der Ernsthaftigkeit distanzierte und Nietzsche darin zustimmte, dass man nur an einen Gott glauben sollte, der zu tanzen versteht. Hat Sartre vielleicht sogar gelacht, als Raymond Queneau den Erfolg von *Das Sein und das Nichts* darauf zurückführte, dass der Band genau ein Kilo wog und den Gemüsehändlern als Gewicht diente? Das wahre Programm Sartres? Bernard-Henri Lévy nennt es, im spöttischen Gedenken an die Verfasser des *Kommunistischen Manifests*: »Lacrymographen aller Länder, verflüchtigt Euch!«

In einer aktuellen Fassung von Flauberts *Wörterbuch der Gemeinplätze* könnten über Sartre zwei Sätze stehen: »Seine Romane will kein Mensch mehr lesen« oder: »Immerhin hat er mit *Die Wörter* ein Meisterwerk geschrieben.« Lévys Widerspenstigkeit erreicht artistische Höhen, wenn er beiden Gemeinplätzen widerspricht. BHL gilt als ein Denker der großen Geste und Urheber unerhörter Verallgemeinerungen. Doch in seinem Buch über Sartre lernen wir einen sorgsamen Leser, einen originellen Deuter von Details und den Verfechter einer unbestechlichen, vorurteilsfreien Hermeneutik kennen. Ob seine Lektüre den Romanen Sartres neue Leser gewinnen wird? Sie wird es zumindest Nichtlesern schwerer machen, abfällig von ihnen zu reden.

Natürlich sind auch für BHL *Die Wörter* ein Meisterwerk. Sie sind es aber in einem anderen Sinne, als der einstimmige Chor der Kritiker es behauptet hat. »Danke, Sartre«, mit diesen Worten zitiert Lévy nicht nur das literarische Frankreich, sondern die literarische Welt, »Danke. Wenn Sie sich nur häufiger dazu bereit erklären könnten, ihre Feder in jene wunderbare Tinte zu tauchen. Wenn Sie uns nur häufiger so feinfühlige, sacht ergreifende, so schöne Bücher schenken wollten.« Sartre wird nach den *Wörtern* mit Ehrungen überhäuft. Gegner leisten Abbitte. Man gibt ihm die Gelegenheit, den Nobelpreis abzulehnen. Sein Buch aber, diese auf den ersten Anschein klassisch anmutende Autobiographie, an der Sartre über zehn Jahre lang gearbeitet hat, ist, wie BHL uns zeigt, der Anlass eines kolossalen Missverständnisses. Wie kann man ein Buch eine Autobiographie nennen, das ohne ersichtlichen Grund mit dem Ende der Kindheit aufhört? Wie konnte man übersehen, dass der zynische, fast emotionslose Ton der *Wörter* eher auf eine Parodie oder ein Pastiche als auf ein Stück Bekenntnisliteratur schließen lässt? Täuscht nicht der Schluss, der so viele Leser rührte und mit Sartre versöhnte: »Ein ganzer Mensch, gemacht aus dem Zeug aller Menschen, und der so viel wert ist wie sie alle und so viel wert wie jedermann«? Muss man nicht vielmehr zwischen den Zeilen den Rousseau der *Bekenntnisse* heraushören: »Ich bin nicht gemacht wie irgendeiner von denen, die ich bisher sah«? Und schließlich: Wie hat man verdrängen können, dass Sartre selber *Die Wörter* als einen Akt der Entmystifizierung beschrieben hat und die Literatur als eine Falle, in die er, befördert durch seinen Großvater und andere, als Achtjähriger tappte?

In Wahrheit sind *Die Wörter* keine Apotheose der Literatur, sondern eine Anklage und ein Abschied. »Sie sind nicht Ausdruck der tätigen Reue des Meisters, der von seinem allzu langen Aufenthalt in der Politik zurückkehrt, um uns einen wirklichen Roman über eine französische Kindheit zu schenken; sie sind vielmehr eine Anklage gegen die Ausübung des literarischen Metiers selbst. Denn dieses wird darin einer Verwirrung, einer Perversion der Seele, einem Verbrechen gegen das Leben und den Geist, kurz, einem Verbrechen gleichgesetzt.«

Pathetische Worte, doch werden sie, wie alles Pathos, erträglich durch Ironie. Der deutsche Leser wird dabei ohnehin an Thomas Mann erinnert und seine dem Masochismus nahekommende Anklage gegen ein lebensfernes und lebensverneinendes Künstlertum. Sartres Rebellion gegen die Literatur, die erfolglos versucht, sich einen antibourgeoisen Anstrich zu geben, ist bürgerlich durch und durch, weil sie sich in ein wohlbekanntes Genre einordnet und gehorsam dessen Regeln folgt. Der literarische Abschied von der Literatur gehört, wie Bernard-Henri Lévy zeigt, zu einer zutiefst französischen Tradition. Sie reicht von Jean Racine über Rimbaud und Valéry bis zu den Zeitgenossen Jean-Paul Sartres. Nie hat sich Sartre, der

Rebell, entschiedener zu einem literarischen Kanon bekannt als in *Die Wörter*, dem Buch, das er schrieb, um der Literatur Adieu zu sagen.

Für dieses Adieu hat sich die Literatur an Sartre gerächt. Sartre war der »absolute Intellektuelle«. Er war ein »philosophe« im Sinne der Aufklärung, weil er nicht nur eine Philosophie hatte, sondern auch einen Lebensstil verkörperte, der das Verhalten einer ganzen Generation prägte. Er war der Herr der Genres. Und wie bei allen großen Intellektuellen war sein größter Gegenspieler ein Staatsmann: der General de Gaulle. Als Intellektueller war Sartre ein herausragendes Exemplar seiner Zunft, aber er ist kein Vorbild mehr. Wir können auch ohne seine Philosophie auskommen. Wir müssen seine Romane nicht mehr lesen. Warum bleibt er also, wie Bernard-Henri Lévy gezeigt hat, lebendig? Lévy hat im französischen Untertitel seines Buches behauptet, eine »philosophische Enquête« vorzulegen. In Wahrheit hat er einen philosophischen Roman geschrieben. In Irrungen und Wirrungen hat Sartre sein eigenes Jahrhundert überlebt wie eine Romanfigur.

Das Sein und die Tinte. Die französische
Nationalbibliothek stellt Jean-Paul Sartre aus (2005)

Zu den bisher unveröffentlichten Dokumenten, die in der Pariser Sartre-Ausstellung zu sehen sind, zählt ein Text über Tintoretto. Schon bei seinem ersten Venedig-Besuch im Jahre 1933 erschreckte Sartre der »fast sadistische Fleiß«, mit dem Tintoretto die Riesensäle der Scuola di San Rocco ausgemalt und auf diese Weise für immer in Besitz genommen hatte. Das Gemälde Tintorettos aber, das ihn am meisten faszinierte, war das Selbstporträt im Louvre aus dem Jahre 1588.

Sartre blickt auf den siebzigjährigen Tintoretto – und ist überwältigt von dessen Mut zur malerischen Selbstinszenierung. Tintorettos Mut kommt spät: Zum ersten Male blickt er auf einem

Gemälde dem Betrachter direkt ins Gesicht. Die Augen sind größer, als sie in Wirklichkeit gewesen sein können, sie »essen das Gesicht auf«, wie Sartre schreibt. Beim genaueren Hinsehen glaubt der Betrachter zu erkennen, dass Tintoretto ihn nur mit einem Auge anblickt, dem linken; das rechte Auge ist tot.

Jetzt wird dem Leser deutlich, wie sehr Sartre, der von Geburt an dieses Gebrechen mit dem Maler teilte und am Ende seines Lebens erblindete, in der Beschreibung des Selbstporträts von Tintoretto über sich selbst spricht. »IPSIUS F.« hatte Tintoretto in ungewöhnlich großen Buchstaben in die rechte Mitte seines Selbstporträts geschrieben. »Ich selbst habe dies gemacht« – so hätte auch Jean-Paul Sartre sein Leben resümieren können. Dass Sartres Lebenswerk in einer großen Ausstellung am neuen Standort der Französischen Nationalbibliothek, der »Site François Mitterand«, gewürdigt wird, ist überaus passend. Mitterand nannte sich selbst den letzten französischen Präsidenten – das heißt den letzten Präsidenten, der es wagen durfte, die Republik mit Pathos zu repräsentieren. Ähnlich könnte man Sartre den letzten französischen Intellektuellen nennen – im Bewusstsein, in der eigenen Person das geistige Frankreich zu repräsentieren, sind ihm nur Voltaire und Victor Hugo vergleichbar.

Sein Leben lang hat Sartre, der »contemporain capital«, wie François Mauriac ihn nannte, sich selbst zur Schau gestellt – darin unterstützt von Simone de Beauvoir und einer großen »Familie« von Freunden und Anhängern, die schließlich aus dem Existentialismus eine Modeströmung machten, die, von den Cafés und Kellern in Saint-Germain-des-Prés ausgehend, erst das linke Seine-Ufer, dann Paris und schließlich Frankreich und eine weltweite Bohème beeinflusste. Sartre, der sich andauernd exponierte, hat es den Verantwortlichen der Bibliothèque Nationale leicht gemacht: Sein Leben war eine Dauerausstellung. Sartre konnte man nicht überraschen. Von ihm gibt es keine »Schnappschüsse«. Stets, so hat man den Eindruck, wartete er darauf, photographiert zu werden. Und photographiert wurde er unaufhörlich – doch die Photographen hießen Brassaï, Henri Cartier-Bresson und Gisèle Freund.

Photos und Filme prägen die Pariser Ausstellung – ihren besonderen Reiz aber gewinnt sie durch die in ihr gezeigten Manuskripte und Bücher. Die Ausstellungsmacher haben alle Dokumente augenfreundlich präsentiert – und haben davon profitiert, dass Sartres Schrift unzweifelhaft zu den lesbarsten der Weltliteratur gehört. »Ecrire gros et lisiblement«, hieß der Befehl auf den Briefbogen, die der in deutsche Kriegsgefangenschaft geratene Soldat Sartre aus dem Trierer Stalag XII D nach Hause schickte. Sartre hatte damit kein Problem. Man kann buchstäblich alles lesen, was er geschrieben hat.

Die Sartre-Ausstellung macht deutlich, wie sehr die Literatur vor der Einführung des Computers von der Faszination durch das Papier lebte. Sartre schreibt meist auf dem hochkarierten Papier, das für die französischen Schreibhefte typisch ist. Das hat stets etwas ebenso Präzises wie Pedantisches – man wird daran erinnert, dass der Cartesianismus eine französische Religion ist, und erkennt zugleich, dass das Büchermachen auch etwas mit Buchhaltung zu tun hat. Sartre hätte diese Idee nicht von sich gewiesen – er bezeichnete sich selbst nicht als vornehmen »homme de lettres«, sondern als »littérateur«. Zur Selbstdarstellung des literarischen Arbeiters Sartre gehörte es dann auch, dass er selbst seine Briefe an den General de Gaulle auf einfachem Heftpapier schrieb.

Sartre sagte von sich, jedes leere Blatt Papier habe ihn unweigerlich angezogen: Er musste es beschreiben. In der Pariser Ausstellung gewinnt man den Eindruck, dass Sartre kein von ihm beschriebenes Blatt wegwerfen konnte: Sein Papierkorb muss meist leer gewesen sein. Aus der Fülle des von Sartre beschriebenen Papiers trifft die Ausstellung eine beeindruckende Auswahl. Sie versucht, den ganzen Sartre zu zeigen – aber sie erhebt nicht den Anspruch, uns zu zeigen, wer Jean-Paul Sartre war. Er bleibt fern und unzugänglich hinter den Hunderten, ja Tausenden von Dokumenten, aus denen sein Nachleben besteht.

Die Titelseite des Ausstellungskatalogs zeigt Sartre im November 1946 während einer Aufführung seines Stücks »Die ehrbare Dirne« im Pariser Théâtre Antoine. Dem Kommentator des *Figaro* fiel sofort auf, dass das Photo retuschiert war: Auf dem Original hielt der Kettenraucher Sartre in seiner rechten Hand die obligate Zigarette. Überschrieben war der Kommentar: »Sartre mit leeren Händen«.

VIII. Der französische Freund:
Joseph Breitbach

Um die Jahrhundertwende in Koblenz an Rhein und Mosel geboren, lebte dort einst in einem verwinkelten Haus neben der evangelischen Florinskirche ein armer Literat, dessen Versuche meist fehlschlugen, sich mit dem Verkauf von Kurzgeschichten über Wasser zu halten, die er den Lokalzeitungen an Rhein und Mosel anbot. Seine Buchkritiken, die eher wohlwollend ausfielen, weil er sich von den Autoren die eine oder andere Wohltat erhoffte, wurden noch seltener gedruckt, so dass er darauf angewiesen war, alle Energie, die seine Leidenschaft für die Literatur ihm ließ, auf jene Tätigkeit zu verwenden, die man – selbst bei größtem Wohlwollen für den armen A. B., denn das waren die Initialen seines Namens, an denen die älteren Koblenzer ihn sofort wiedererkennen werden – nicht anders denn als »Schnorren« bezeichnen kann.

Im Laufe vieler Jahre war aus dieser Not keine Tugend, wohl aber eine Obsession geworden, so dass der nun nicht mehr so arme A. B., der mittlerweile vom Ministerpräsidenten des Landes Rheinland-Pfalz sogar eine Art von Ehrensold erhielt und durch eine Reihe von Gönnern großzügig unterstützt wurde, sich bis zum Ende seines Lebens im Wahn wähnte, über keinerlei Einkommen zu verfügen und demzufolge sich weigerte, auch nur die kleinste Ausgabe aus eigenen Mitteln zu tätigen und beispielsweise die Briefmarken, die er für seine Bettelschreiben benötigte, nicht bei der Post käuflich erwarb, sondern von Bekannten erschnorrte oder – wie er es vorzog, sich auszudrücken – entlieh. Natürlich gab er nie auch nur eine Marke, geschweige denn eine Mark, zurück, wie er überhaupt zu jenen Menschen gehörte, deren Not sie nicht zum Mitleid mit ihren Schicksalsgenossen befähigt, sondern in ihnen nur den Neid auf jene anstachelt, die in der Lage sind, anderen Gutes zu tun.

Ich kannte den armen A.B. recht gut und lud ihn gelegentlich zum Mittagessen in das Restaurant *Hubertus* nahe der Florinskirche ein, wo er sich an einer guten Flasche Walporzheimer und an den Wildspezialitäten des ersten Hauses am Platze ergötzte und aus dem Fenster schauend voller Behagen den Passanten nachsah, die sich in das Gasthaus begaben, in dem auch er sonst auf Pump speiste und dessen Name kulinarisches Programm und Warnung zugleich war – in den *Armen Josef*.

Als sich nach dem Tode von A.B. herausstellte, dass er keineswegs bettelarm gestorben war, sondern sich durch sein beharrliches Schnorren ein mittleres Vermögen erworben hatte, das sich – neben Dutzenden von erborgten Hüten, Brieftaschen und Regenschirmen – in Münzen und kleinen Scheinen, die sich in Zigarrenschachteln stapelten, bar in seinem Nachlass fand, begann in Koblenz eine Diskussion darüber, ob Geiz und Gier des armen A.B. sich erst im Laufe seines Lebens zu einem Wahn von Balzacscher Größe entwickelt hatten oder ihm bereits vom Schicksal in die Wiege gelegt worden waren. Ich neigte der Vererbungsthese von dem Augenblick an zu, als mir ein Klassenkamerad des armen A.B. erzählte, wie er an seinem ersten Schultag im Kaiserin-Augusta-Gymnasium zu Koblenz, als er gerade sein mitgebrachtes Pausenbrot verzehren wollte, von einem hungrigen Mitschüler, der vorgab, brotlos zu sein, mit den Worten »Kann isch mol beisse?« so herzzerreißend angefleht wurde, dass er sofort sein Schulbrot aus der Hand gab, von dem er auch nicht einen einzigen Krümel mehr sehen sollte. Mehr noch: Als das fremde Brot mit sichtlichem Behagen von ihm verzehrt worden war, griff A.B. in die Tasche und zog seine eigene Stulle hervor, die zwar weniger dick belegt war als die seines kleinen Gönners, ihm als Nachschlag aber immer noch trefflich mundete. Sein mittlerweile hungriger Klassenkamerad sah es voller Staunen und ließ diese wundersame Brotvermehrung mit jener Generosität geschehen, die den Jungen

bereits auszeichnete und die er auch im Alter nicht mehr verlieren sollte.

Der Klassenkamerad des armen A.B., der mir diese Geschichte
erzählte, hieß Joseph Breitbach.

»Güte, Geltenlassen und Geduld« nannte Joseph Breitbach einmal als die hervorstechendsten Eigenschaften André Gides. Darüber mag man streiten. Unzweifelhaft aber waren dies Eigenschaften, die ihn selbst auszeichneten, dessen Pariser Adresse – 1,
Place du Panthéon – Programm war: Joseph Breitbach lebte angenehm und mit Blick auf die Unsterblichkeit.

Breitbach, der sich selbst als »Wenigschreiber« bezeichnete – für seine Briefe galt dies nicht, die sich oftmals zu ge-
fürchteten Längen von mehr als einem Dutzend Seiten aus-
wuchsen –, war nicht nur ein höflicher Erzähler, welcher der
Sprache stets mit Respekt begegnete, er war auch ein Autor, der
sorgsam darauf achtete, seine Leser nicht zu überfordern. In
mein Exemplar seines Erzählbandes *Die Rabenschlacht* schrieb er
nicht nur eine freundliche Widmung, sondern setzte im In-
haltsverzeichnis hinter den Flaubert-Titel seiner 1928 zum ersten Male veröffentlichten Erzählung »Éducation sentimentale«
ein zusätzliches Wort: »Koblenz«. Das sollte heißen: »Sie werden nicht alle Geschichten lesen wollen, aber diese könnte Sie
vielleicht interessieren, schließlich sind Sie in Koblenz aufgewachsen, haben in eine Koblenzer Familie hineingeheiratet und
kennen die Stadt ein wenig.« Die Geschichte des Pitter Bünger,
der es im Winter 1918 in der von amerikanischen Truppen besetzten Stadt an Rhein und Mosel auf raffinierte Weise – mit
Körpereinsatz doch ansonsten ohne große Anstrengung – zu
Wohlstand bringt, nimmt *Die Wandlung der Susanne Dasseldorf* vor-
weg, den Koblenz-Roman, der vier Jahre später erschien und
von Klaus Mann hoch gelobt und zu den großen europäischen
Romanen in deutscher Sprache gezählt wurde.

Die Wandlung der Susanne Dasseldorf stieß, Breitbach erinnerte
sich daran genau, bei den Koblenzer Bürgern auf »emotions-

geladene Ablehnung« und fand »nicht eine einzige sachliche Beurteilung«. Der Autor hat dies seiner Heimatstadt nicht vergessen, aber ihr nicht wirklich übel genommen – ebenso wenig wie die Tatsache, dass das Koblenzer Theater seine Stücke erst spielte, nachdem man sie siebzehn Jahre lang in ganz Deutschland hatte sehen können. Als Joseph Breitbach 1978 von der Redaktion des Merian gebeten wurde, für das Koblenz-Heft einen Beitrag zu schreiben, kam er dieser Bitte mit der Bemerkung nach, die eingesessenen Koblenzer würden seine Autorschaft wohl eher mit gemischten Gefühlen aufnehmen. Ich weiß nicht, wie es sich damit tatsächlich verhielt. Liest man heute die Reminiszenzen Joseph Breitbachs an Koblenz, so spürt man, wie viel ihm die Stadt bedeutet hat. In der kleinen, lebhaft geschriebenen, von Sympathie durchzogenen Skizze bündeln sich wie in einem Kaleidoskop Motive und Haltungen, die das Leben und das literarische Schaffen des »civis Rhenanomosellanus« bestimmten, wie Joseph Breitbach sich selbst gerne nannte. Vier Ausschnitte aus diesem Kaleidoskop will ich Ihnen vorstellen: »Der literarische Magnet«, »Der heimliche Soziologe«, »Der Anti-Tartuffe«, »Der französische Freund«.

Der literarische Magnet

Zu den Pseudonymen, die der aus Deutschland geflohene Joseph Breitbach sich im Nazi-besetzten Frankreich wählen musste, gehörte der Name »De la Vallée«, »Aus dem Tal«. Der Koblenzer weiß sofort, wovon die Rede ist: vom »Dahl«, von Ehrenbreitstein, dem Geburtsort Clemens von Brentanos und Joseph Breitbachs. Eine Lehrerin an der dortigen Volksschule, Emilie Merz, die einige Jahre als Erzieherin in Frankreich verbracht hatte, spielte in der literarischen Karriere Joseph Breitbachs eine frühe und prägende Rolle. Bei ihr sollte der kleine Joseph eigentlich das Klavierspiel erlernen, doch Emilie Merz zog französische Gedichte den Sonaten Muzio Clementis vor, und so lernte Joseph Breitbach bereits als Kind das Werk Guillaume Apollinaires kennen, der mit seinem Gedichtzyklus *Rhénanes* eine Tradition der Rhein- und Moselschwärmerei fortsetzte, die französische Generäle und Literaten seit Jahrhunderten miteinander teilten. Breitbach darf als der Wiederentdecker des Gedichtes »Coblence« gelten, das erst spät in die Gesamtausgabe der Gedichte Apollinaires aufgenommen wurde. Die unschuldigen Augen Koblenzer Mädchen, das hässliche Reiterstandbild des Deutschen Kaisers am Zusammenfluss von Rhein und Mosel, die Stille, die so manches Mal nachts eine Stadt umfängt, die altmodisch und modern zugleich wirkt – Breitbach zitierte die Strophen Apollinaires wie eine Liebeserklärung, als er das Gedicht zwei Jahre vor seinem Tod zum ersten Mal in Deutschland veröffentlichte:

La Moselle et le Rhin se joignent en silence
Sous les yeux innocents des filles de Coblence
Macabre et gigantesque, un affreux monument
Montre équestre et ganté l'empereur allemand.

Coblence est trop moderne et pourtant aux boutiques
Chaque enseigne dorée est en lettres gothiques.

La Ville au confluent comme entre des ciseaux
Ne reflète le soir nul feu dans ses deux eaux
Dont quelque sifflement lointain parfois s'élance
Et trouble en leur sommeil les filles de Coblence.

Emilie Merz hatte die interpunktionslosen Gedichte des aus Polen stammenden Guillaume Apollinaire – dessen bürgerlicher Name Wilhelm Apollinaris de Kostrowitzky eine vor Begeisterung sprudelnde Beschäftigung mit dem Rheinland als beinahe unausweichlich erscheinen ließ – nicht nur säuberlich in ein Album geklebt, sie hatte sie auch mit Satzzeichen versehen, die ihrer Meinung nach vom Autor wie vom Korrektor vergessen worden waren. »Den wahren Sachverhalt«, schreibt Breitbach, »erfuhr ich erst 1920, bei Gallimard in Paris, durch Jacques Rivière.«

Erst 1920 – da war Joseph Breitbach gerade siebzehn Jahre alt! Und verkehrte bereits im Hause Gallimard, dem immer berühmter werdenden französischen Verlag, und lernte mit Jacques Rivière den langjährigen Sekretär der *Nouvelle Revue Française* kennen, deren stolzes Kürzel nrf zu einem literarischen Adelszeichen wurde, nach dem bis heute jeder Autor sich sehnt. In Koblenz, das sich »Magnet an Rhein und Mosel« nennt, zeigte sich früh, dass Joseph Breitbach zu einem Magneten werden sollte, der von Literaten angezogen wurde und zu dem Autoren aus der ganzen Welt sich hingezogen fühlten. Im Rückblick erscheint es nicht als Zufall, dass unter den Hunderten von amerikanischen Besatzungssoldaten, die in Koblenz nach dem Ersten Weltkrieg einquartiert wurden, der Schüler Joseph Breitbach ausgerechnet John Dos Passos kennen lernte, der damals an seinem Roman *Drei Soldaten* schrieb und später mit *Manhattan Transfer* zu einem Schlüsselautor der vom Film und seiner Schnitt-Technik geprägten literarischen Moderne werden sollte. In den Reminiszenzen Joseph Breitbachs wimmelt es in den Straßen und Cafés seiner Heimatstadt von Schriftstellern, wird Koblenz zum herausragenden Treffpunkt der literarischen Moderne. Weimar, wo zuerst von »Weltliteratur« die Rede war, liegt auf einmal am Zusammenfluss von Rhein und Mosel.

Der heimliche Soziologe

Am Beginn und am Ende seiner Koblenzer Erinnerungen wird deutlich, wie sehr es den generösen Joseph Breitbach wurmte, dass die Bewohner der Heimatstadt seinen Koblenz-Roman so wenig schätzten. »Er hat [doch] nur Vergangenes, historisch Belegtes zum Rahmen«, schreibt Breitbach beinahe trotzig und fährt fort: »Dass der [Roman] im Sozialen und Politischen stimmte, war, als das Buch erschien, schnell nachprüfbar, man brauchte sich nur erinnern zu wollen, wie es zehn Jahre zuvor in der Stadt zugegangen war, als sie unter der amerika-

nischen Besatzung ebensoviel seufzte wie jauchzte.« Und am
Schluss betont Breitbach, noch einmal auf den Koblenz-Roman
hinweisend, seinen Respekt »vor dem, was ist, und vor dem Ge-
schehenen, der meine Feder immer vor der Verwechslung mit
dem Wünschenswerten behütet hat, vor dem, was sein sollte,
aber eben nicht ist«. Und schließt mit einer Aufforderung an
die Koblenzer: »In den Archiven der Stadt, vorzüglich in denen
der Sittenpolizei, kann man nachprüfen, ob ich mich an das
Geschehene gehalten habe oder nicht.«

Im Sozialen und Politischen musste alles stimmen und
in den Archiven nachprüfbar sein: Erstaunliche Sorgen eines
Romanciers! Während der Schriftsteller in der Regel die Freiheit der Imagination für sich in Anspruch nimmt, will Joseph
Breitbach, auf die Lizenz zum Fabulieren verzichtend, dass sein
Werk einzig an der Realität gemessen wird. Diese Verpflichtung
zur kompromisslosen Realität hat ihn in seinem Erstlingswerk,
dem 1928 erschienenen Erzählband *Rot gegen Rot*, befähigt, die
neue Klasse der Angestellten ebenso präzise wie mitleidlos zu
porträtieren, sie hat ihn mit dem *Bericht über Bruno* 1962 einen
der wenigen deutschen Romane schreiben lassen, die der politischen Wirklichkeit gerecht werden – und hat ihn gleichzeitig,
so paradox dies auch klingen mag, zu historischen Prognosen
befähigt, die im Rückblick wie Prophezeiungen klingen. Julien
Green erschrak, als Joseph Breitbach lange vor Kriegsausbruch
die Entwicklung der ersten Jahre des Zweiten Weltkriegs präzise
vorhersagte und den Marschall Pétain bereits zu einem Zeitpunkt an der Spitze einer Regierung von deutschen Gnaden sah,
als *collaboration* in Frankreich beinahe noch ein Fremdwort war.

Der Autor Joseph Breitbach hatte mit Prousts Madame Ver-
durin eines gemeinsam: Er hasste die Langweiler und hielt sie,
wenn irgend möglich, von seinem Salon fern. Dazu gehörte
eine Selbstverpflichtung: Der Autor musste alles tun, um seine
Leser am Gähnen zu hindern. Dass Breitbach dies ohne Reali-
tätsverzerrung und Flucht in die Phantasie gelang, macht seinen Rang aus. Joseph Breitbach war ein heimlicher Soziologe

und ein ungewöhnlicher dazu: Er konnte schreiben. Zwei Jahre, bevor Siegfried Kracauer sein Angestelltenbuch veröffentlichte, hatte Breitbach, der als Verkäufer in einem Warenhaus gearbeitet hatte, mit *Rot gegen Rot* bereits die wenig später zur Mode werdende Angestelltensoziologie vorweggenommen. Joseph Breitbach mochte Siegfried Kracauer als Person, aber er verlor den Respekt vor dem Soziologen, als er eines Tages bemerkte, dass Kracauer seine Studien zur französischen Oberschicht ausgerechnet in der Halle des Claridge betrieb, jenes Pariser Hotels, in dem fast ausnahmslos die ausländische Schickeria abstieg. Theodor W. Adorno hat Kracauer in einem Rundfunkvortrag einmal als »wunderlichen Realisten« bezeichnet. Ebenso hätte Breitbach von Kracauer sprechen können. Breitbach, der skeptische und sorgfältige Realist, war voller Misstrauen gegenüber Soziologen, die von der Literatur her kamen. Für ihn waren sie »böse Stiere, die die Literatur als Weideplatz betrachteten«. Ihrem wunderlichen Realismus, der sich oft genug über die sozialen Wirklichkeiten hinwegsetzte, stellte er seine Literatur der Tatsachen entgegen – eine heimliche, ebenso unterhaltende wie präzise Soziologie.

Der Anti-Tartuffe

Das Klavierspielen lernte Joseph Breitbach bei Emilie Merz nicht. Aber die Lehrerin aus Ehrenbreitstein sprach nicht nur Französisch mit ihm; sie lehrte ihn, auf den politischen Gehalt der Gedichte zu achten, die sie miteinander lasen. So machte sie ihn beispielsweise darauf aufmerksam, dass Apollinaire in Gedichten wie »Vendémiaire« das Ende der europäischen Monarchien vorausgesagt hatte. Breitbach lernte, auf die Unbekümmertheit zu achten, mit der Menschen politische Loyalitäten aufgaben und Überzeugungen wechselten, wenn sie daraus persönlichen Nutzen ziehen konnten. Der Schüler des Kaiserin-Augusta-Gymnasiums sah voll Verachtung, wie in den

Straßen von Koblenz das Ende der Hohenzollern von Menschen mit Spott und Schadenfreude begleitet wurde, die dem Kaiser und der Kaiserin früher lauthals zugejubelt hatten. In der alten Garnisonstadt wurde nun das Kleidermagazin der Armee geplündert, den Offizieren wurden auf offener Straße die Schulterklappen heruntergerissen, und getrieben vom Wunsch, möglichst schnell zum Sozialismus zu gelangen, requirierten die »jungen Herren vom Revolutionsrat«, wie Breitbach sie spöttisch nannte, die schönsten Autos, die sie in der Stadt finden konnten, für sich.

Die Ereignisse im pseudorevolutionären Koblenz lieferten dem jungen Joseph Breitbach einen ersten Anschauungsunterricht in politisch-moralischer Verlogenheit. Es war eine Lektion, die er nicht mehr vergessen sollte. Es dauerte freilich noch ein paar Jahre, bis er sich einen Realitätssinn erworben hatte, der ihn gegen die Verführungen der Ideologien immun machte. Der Siebzehnjährige wurde Kommunist und glaubte, wie so viele seiner Altersgenossen, in der Sowjetunion das auf Erden bereits verwirklichte Paradies zu sehen. Früher als andere aber durchschaute er dieses Trugbild. 1929 trennte er sich von der KP. Von nun an war er überzeugt, dass es auf Erden zwei Formen der Ungerechtigkeit gab – einmal den Sozialismus und zum anderen die Ungerechtigkeit, »die verhängnisvoll der privaten Wirtschaft anhaftet«. Der Privatwirtschaft fühlte sich Breitbach dennoch verpflichtet, weil sie dem vermögenden Einzelnen immerhin die Möglichkeit bot, sich generös zu zeigen und soziale Benachteiligungen, wenn nicht zu verhindern, so doch zu mindern.

1933 erschienen die Schriften Joseph Breitbachs auf der Ehrenliste der deutschen Literatur des 20. Jahrhunderts – der Liste von den Nazis verbotener Bücher. 1937 gab er seinen deutschen Pass zurück, im November 1939 meldete er sich »für die Dauer des Krieges« zur französischen Fremdenlegion. Ein ihm zugeteiltes Notvisum für die USA verschenkte er, immer wieder stellte er seine Wohnung Verfolgten zur Verfügung und half mit

Geld, wo er konnte. Dabei ließ er es nicht zu, dass man ihn auf eine politische Haltung verpflichtete. So wagte er es – nicht anders als Thomas Mann übrigens, der freilich mit größerer Diskretion agierte –, am Verhalten der deutschen Emigranten in Paris Kritik zu üben und nach 1933 in Deutschland verbliebene Schriftsteller in Schutz zu nehmen.

Politisch verhielt sich Breitbach oft inkorrekt – und hatte eine diebische Freude dabei. Er war nicht umsonst Kommunist gewesen, er kannte seinen Marx, er wusste, dass auch Sozialisten sich am Mehrwert, den andere produziert hatten, bereicherten – und ließ die Pseudo-Marxisten sein Wissen spüren. Nach dem Krieg verurteilte er – mit der Unterstützung Jean Schlumbergers – Willkürakte, mit denen Franzosen an Deutschen Rache nahmen; er spottete öffentlich über Mythen der Résistance, die sich schnell bildeten, und wies daraufhin, dass zwischen der artistischen Qualität eines Künstlers und seiner moralischen Geradlinigkeit nicht immer Übereinstimmung herrschen muss. Sein Gerechtigkeitssinn ließ vorschnelle Urteile nicht zu: So hob er die persönliche Integrität eines Jean-Paul Sartre gerade deshalb hervor, weil ihm dessen rabiates politisches Engagement zeitlebens fremd blieb. Er konnte mit Widerspruch, nicht aber mit Unlauterkeit leben. In der Regel hing er sein Mäntelchen gegen den Wind – auf die Gefahr hin, sich in den Stürmen der Zeit zu erkälten. Auf die Frage, welches Werk der Weltliteratur er selbst gerne geschrieben hätte, hätte er, der als seine Lieblingsbeschäftigung einmal das Entlarven nannte, wohl Molières *Tartuffe* gewählt.

Der französische Freund

Joseph Breitbach verließ Koblenz nicht zuletzt, weil er dort sitzenblieb. In der Unterprima musste er vom Gymnasium abgehen. Der »civis Rhenanomosellanus« hatte in Latein eine Fünf, und ein »Mangelhaft« bekam er, der später sein Vermögen so geschickt mehren sollte, auch im Rechnen. Das ist schwer zu verstehen. Völlig unverständlich aber ist es, dass ihm das Kaiserin-Augusta-Gymnasium auch im Französischen lediglich ein »Genügend« gab, ihm, der stets verfluchte, »in zwei Sprachen am Rhein und in Lothringen aufgewachsen zu sein.« Das Warenhaus Tietz dagegen bescheinigte dem Lehrling wenig später, das Französische fließend zu beherrschen. Der junge Breitbach hatte anscheinend für das Leben, nicht für die Schule gelernt.

Der Spannung zwischen dem Französischen und dem Deutschen, in welcher er aufwuchs, hat Breitbach »jede schöpferische Tugend« abgesprochen. Das muss man nicht ernst nehmen, frei von Koketterie war er nicht. Aber er war zu vorsichtig, lauthals das Lob der Zweisprachigkeit zu singen. Die Zweisprachigkeit konnte auch eine Bürde sein, zumal Breitbach voller Skepsis gegenüber allen Übersetzungen blieb. So kam es, dass er nicht nur den *Bericht über Bruno* schrieb, sondern auch den *Rapport sur Bruno*, kein übersetztes, sondern ein von ihm nach eigener deutscher Vorlage neu geschriebenes französisches Buch. Es war diese unter Mühen gewählte Doppelrolle, die Marguerite Yourcenar dazu brachte, Joseph Breitbach ihren »ami français« und zugleich einen »écrivain allemand« zu nennen.

1937 hatte Breitbach seinen deutschen Pass zurückgegeben, 1939 meldete er sich zur französischen Fremdenlegion – »für die Dauer des Krieges«, wie er präzisierte. Doch erst 1945 erhielt er einen französischen Pass. Fast sechs Jahre lang nahm er eine nicht ungefährliche Staatenlosigkeit in Kauf, um endlich Franzose werden zu können. Nach dem Krieg wurde Joseph Breitbach zum Mitbegründer des *Comité d'échange avec l'Allemagne nouvelle*; unvergessen blieb Beobachtern, wie mutig und unbeirrt Breitbach in dem von Naziherrschaft und Kollaboration traumatisierten Paris dem deutschen Botschafter Wilhelm Hausenstein das Entrée in die politischen und kulturellen Zirkel der französischen Hauptstadt erleichterte. Wer wissen will, was politische Weitsicht bedeutet, muss die frühen, unmittelbar nach der deutschen Kapitulation geschriebenen Kommentare lesen, die

Breitbachs Freund Jean Schlumberger im *Figaro* veröffentlichte. An ihrer Abfassung war Joseph Breitbach beteiligt, er blieb, wie so oft, der unsichtbare Co-Autor. Weitsichtig waren diese Kolumnen, weil sie Frankreich dazu aufriefen, sich nicht, wie in Versailles nach dem Ersten Weltkrieg, aus Schwäche rachsüchtig zu zeigen; Schlumberger und Breitbach forderten die Franzosen vielmehr auf, aus einem Gefühl innerer Stärke heraus auf das besiegte Deutschland zuzugehen und ihm die Hand zur Versöhnung zu reichen.

Aus Versöhnung wurde Freundschaft, und Joseph Breitbach, der in seiner Jugend bei der *Rheinischen Rundschau* als Sportredakteur gearbeitet hatte, erwies sich schnell als Meister in zwei typisch französischen Disziplinen: der Konversation und der Korrespondenz. Gerade weil er nicht Franzose war, sondern zum Franzosen erst wurde, konnte Joseph Breitbach wie kein anderer sich von einer Kultur faszinieren lassen, in der Staatspräsidenten Maupassant liebten, Weinhändler Gesundheitsminister wurden, Staatssekretäre die Grammatik beherrschten, Kardinäle auch werktags den Konjunktiv benutzten, in politischen Communiqués, damit jeder sie sofort verstand, die Fabeln La Fontaines zitiert wurden und ein großer Kenner Hölderlins, Pierre Bertaux, als sei es die selbstverständlichste Sache von der Welt, Chef der Sûreté werden konnte. Diese Durchmischung der politischen, wirtschaftlichen und literarischen Milieus jeden Tag mitzuerleben und zum Teil selber zu befördern, gehörte unzweifelhaft zu den *plaisirs à Breitbach*, und wir können, zu unserem eigenen Vergnügen, diese Faszination noch heute nachvollziehen, wenn wir seine gesammelten Feuilletons lesen. Joseph Breitbach war kein Mittler zwischen Deutschland und Frankreich — er war ein Kerneuropäer, Frankreich und Deutschland in einer Person. Er war ein Magnet der Literatur, ein unverbesserlicher Realist, ein Anti-Tartüffe, französischer Freund und deutscher Schriftsteller zugleich. Er war ein Menschenfreund und ein wahres *génie de circonstance*. Wer ihn in seinem sagenumwobenen Duplex an der Place du Panthéon besuchte, wurde überwältigt — nicht so sehr vom Reichtum, der Joseph Breitbach umgab, als vielmehr vom diskreten Geschmack des Gastgebers und von der Selbstverständlichkeit, mit der in diesem Appartement die Worte und die Dinge – jedes Buch, jedes Gemälde und jedes Möbelstück – zu sagen schienen: Hier fühlen wir uns wohl, hier sind wir an unserem Platz.

In Breitbachs Bücherregalen an der Place du Panthéon standen die Werke Paul Valérys und in ihnen stand der Satz: »J'ai besoin d'un Allemand qui achèverait mes idées.« Um mein Werk zu vollenden, hätte ich einen Deutschen nötig.

IX. Ein Linker ohne Nostalgie
Glückwunsch an Peter Glotz

Schreckliche Leidenschaft zur Politik

Vor einhundert Jahren machte der deutsche Astronom Karl Friedrich Zöllner – von ihm stammt der Ausdruck »Astrophysik« – einen ernstgemeinten, aber folgenlosen Vorschlag: den Fortschritt der Wissenschaften durch das Verbot von Festschriften und die radikale Kürzung von Geburtstagsreden zu befördern. In der zugleich alten wie jungen Universitätsstadt Erfurt will ich – zum Nutzen der thüringischen Gelehrtenrepublik – dem Vorschlag Zöllners folgen: Ich entbiete Peter Glotz, dem Rector Magnificus, nur einen Geburtstagsgruß.

Leicht fällt mir diese Kürze nicht. Denn ich kenne das Geburtstagskind seit langem – seit 35 Jahren. Der Magister Peter Glotz gehörte zu meinen ersten akademischen Lehrern. Als ich mich an der Münchner Ludwig-Maximilians-Universität zunächst im Fach Zeitungswissenschaft immatrikulierte, war er – nur zwei Jahre älter als ich – dort bereits Assistent. Es spricht eher gegen meine damalige Lernbereitschaft als gegen die Lehrbefähigung des Dr. Peter Glotz, dass mir seine Seminare gar nicht mehr, die von ihm geleiteten Exkursionen an die Seen in der Umgebung von München dagegen und die Diskussionen über die Schwabinger Krawalle, die in der Regel in Biergärten geführt wurden, in frischer Erinnerung sind.

Bekannt wurde ich mit Peter Glotz in meiner Studentenzeit in München – kennen gelernt habe ich ihn in Berlin. Als er 1977 im Westteil der Stadt Wissenschaftssenator wurde, lehrte ich dort seit ein paar Jahren als Professor der Soziologie. Es war die Hochzeit heute fast vollständig verlorener, damals vielleicht notwendiger Illusionen, eine Zeit, da sich auf dem Campus in

Dahlem unzählige K-Gruppen tummelten, deren Zentralkomitees jeweils größer waren als ihr Parteivolk, die Zeit, da der Emigrant Herbert Marcuse in flammenden Reden den amerikanischen Imperialismus anprangerte und damit die Studenten zu Begeisterungsstürmen hinriss – im hellen und großzügigen Auditorium Maximum der Freien Universität Berlin, das aus Mitteln der Ford Foundation errichtet worden war.

Es war die schreckliche Zeit der Schleyer-Entführung, des Mordes an Jürgen Ponto und des Buback-Nachrufs durch den schamlosen Göttinger Mescalero, den schamlose deutsche Professoren nachdruckten. Es war eine Zeit, in der Spaß und Spiel, Mord und Totschlag miteinander wechselten. Trapper und Indianer bevölkerten die Universitäten. Zugleich stand die Republik auf dem Spiel. Liest man seine politischen Tagebücher, wird sichtbar, wie kräfteraubend und nervenzehrend, wie bleiern und bedrückend diese Zeit für Peter Glotz gewesen sein muss. Man wird an die Worte Ernst Reuters erinnert, als er seine »schreckliche Leidenschaft zur Politik« rechtfertigen wollte: »Ich will sehen, wie viel ich aushalten kann.«

Wir sprechen heute nur noch von der *Studenten*revolte. Die Biographie von Peter Glotz erinnert daran, wie sehr diese Revolte durch die Reformbewegung der *Assistenten* gestützt, dadurch in legale Bahnen gelenkt wurde und schnell zu institutionellen Konsequenzen führte. Peter Glotz zuckt seit Jahrzehnten nicht zusammen, wenn man ihn als ›Magnifizenz‹ anredet, denn schon 1969 wurde er – ein Novum und für viele ein Skándalon der deutschen Universitätsgeschichte – als Assistent Konrektor der Universität München. Heute mag so mancher klug gewordene Kopf sich über die Assistenten mokieren, die damals, wie im Handstreich, doch legal, zu Rektoren oder Präsidenten wurden – Peter Fischer-Appelt in Hamburg, Rolf Kreibich in Berlin, Peter Glotz in München – und sie als die frühen ›fellow traveller‹ einer Pseudorevolution verspotten. Doch als die meisten Studenten immer noch Rudi Dutschkes Slogan vom ›Marsch durch die Institutionen‹ nachsprühten, hatten Assistenten wie

Peter Glotz längst damit begonnen, die Institution Universität von innen heraus zu verändern. Über das, was ihre Reformen letztlich bewirkt haben, mag man streiten. Der deutschen Universität aber ginge es heute (noch) schlechter, wenn nicht vor dreißig Jahren die Assistentenbewegung sich wie ein Puffer zwischen professorale Notgemeinschaften auf der einen Seite, den studentischen Mob auf der anderen Seite geschoben hätte.

Öffentliche Raufereien

Dann wechselte Peter Glotz in die Politik, in die Legislative als Mitglied des Bayerischen Landtages und schließlich des Bundestages, in die Exekutive als Parlamentarischer Staatssekretär beim Bundesminister für Bildung und Wissenschaft, bevor er 1977 Wissenschaftssenator in Berlin wurde. Ich weiß nicht, ob Peter Glotz schon als Assistent danach strebte, einmal der medienpolitische Sprecher der SPD zu werden oder als Professor der Kommunikationswissenschaft an die Universität Erfurt berufen zu werden – jedenfalls war der Senator Peter Glotz ein unvergleichlicher, ein ungewöhnlich mutiger Praktiker der Kommunikation, der keiner Diskussion auswich und der keine Debatte scheute – ob er sie nun mit Studenten und Professoren auf dem Campus führte, mit Mescalero-Sympathisanten in seinem Büro oder mit den Angehörigen schlagender Verbindungen, die unterdessen Politiker geworden waren, im Berliner Abgeordnetenhaus.

Sein politisches Tagewerk verrichtete er in Westberlin, dieser schwankenden City, nicht ohne Chuzpe und Raffinement. Außerordentlich war seine Weitsicht: Die gemeinsame Berufung der Philosophen Ernst Tugendhat, Michael Theunissen und Lorenz Krüger, die er einem widerstrebenden Fachbereich aufzwang, ist bis heute ein Meisterstück mutiger Universitätspolitik geblieben. Peter Glotz hatte dabei stets eine Meinung, nie ein ›Meinungchen‹, wie es im Biedermeier hieß, und jeder

Tag – nicht nur ein einziger Tag in der Woche wie beim amerikanischen Supreme Court – war für ihn *opinion day.*

Die unbändige Lust am fairen Streit ist ihm bis heute geblieben. Peter Glotz, der Wahlmünchner, erinnert an jenen Bayern,
der des abends am Hofbräuhaus vorbeispaziert, dort eines mo-
deraten Handgemenges ansichtig wird, stehen bleibt, zuschaut
und nicht aufhören kann zu schauen, um schließlich, aufgeregt
von einem Fuß auf den anderen trippelnd, sich vorsichtshalber schon einmal die Ärmel aufzukrempeln und ebenso höflich
wie hoffnungsfroh zu fragen: »Is dös a private Rauferei – oder
derf ma do mitmoch'n?«

Öffentliche Raufereien sind eine große Stärke von Peter
Glotz – aber Fairness ist die Voraussetzung, damit er sich daran
mit Lust beteiligt. Unvergleichlich, wie er einem konservativen
und nicht gerade wesensverwandten Konkurrenten, Hans Maier,
in einem Porträt Gerechtigkeit bis in die Zeichnung der Gesichts-
züge widerfahren lässt, bewunderns- und nachahmenswert die
Formel, mit welcher er nach heftiger Auseinandersetzung den
Abschied von Leo Kirch beschreibt: »Fröhlich, höflich, unver-
söhnt.« Die Lebensfähigkeit der Demokratie hängt entscheidend
davon ab, dass die Regierung regelmäßig mit der Opposition zu
Mittag speist. Auch seine politischen Gegner wissen: Mit diesem Doktor zu dinieren, ist ehrenvoll und ist Gewinn.

Intellektuellen-Politik mit Bodenhaftung

Kennen gelernt habe ich Peter Glotz in Berlin, richtig schätzen gelernt habe ich ihn, als er Berlin bereits wieder verlassen
hatte. Zu seinen letzten Amtshandlungen als Wissenschaftssenator gehörte die Gründung des deutschen Institute for Ad-
vanced Study, des Wissenschaftskollegs zu Berlin. Ich wurde
Mitglied in dessen Beirat, dann Permanent Fellow, schließlich
Rektor, als Peter Glotz längst wieder als Bundesgeschäftsführer der SPD nach Bonn gewechselt war. Mit der Gründung des

Kollegs brachte der Senator Peter Glotz gleich zwei Kunststücke fertig: Er besaß den Mut, in einem Konsens, der alle Parteien des Berliner Abgeordnetenhauses einschloss, eine Institution zu gründen, die ihrer Kernidee nach weniger sozialdemokratisch als vielmehr ›royaldemokratisch‹ war. In den Worten Theodor Fontanes: »Ein hohes Plateau mit einem einzigen, alles überragenden Pic.« Und: er schrieb es der neugegründeten Institution ins Stammbuch, das heißt in die Satzung, sich um die Stärkung jener intellektuellen Traditionen besonders zu bemühen, die durch die Vertreibung und Vernichtung jüdischer, deutscher Gelehrter in der Nazizeit abgerissen waren. Ohne zu moralisieren, legte er seiner Wissenschaftspolitik wie selbstverständlich ein Ethos zugrunde. Er wusste, dass man nicht unbedingt Denkmäler errichten muss, um das Gedenken wach zu halten.

Peter Glotz ist nicht nur Politiker, er ist ein *homme politique*. Die Franzosen – mit ihrem Mut, die Anthropologie in die Politik zu tragen – bezeichnen damit einen Typus, für den zwischen praktisch-politischem Handeln und dem Nachdenken über Politik kein Gegensatz besteht. Peter Glotz ist ein deutscher *homme politique*, ein handelnder Quer- und Vordenker, kein Nachbeter, eher ein Vorturner, kein Wortklauber, sondern ein Wortpräger – vier Sechstel von uns denken sofort an die ›Zweidrittelgesellschaft‹ –, ein Champion des *common sense*. In Deutschland machen sich – die rot-grüne Koalition bildet davon keine Ausnahme – seit alters her pausbäckige Utopisten und die Melancholiker mit den eingefallenen Wangen das politische Terrain streitig. Peter Glotz – dieses Mischtemperament, einerseits Sanguiniker mit Skepsis im Blut, andererseits Choleriker mit der Bereitschaft, sich wenn nötig zu disziplinieren – entzieht sich der Alternative von Utopie und Melancholie ebenso, wie er sich weigert, den traditionellen Rollenkonflikt zwischen dem Intellektuellen und dem Politiker mit der tragischen Wucht einer Wagner-Oper zu inszenieren. Wenn der Intellektuelle trauert, dass nicht alles machbar ist, was er sich denkt, wenn es den Politiker betrübt, wie sehr die Reflexion sein Handeln hemmt, muss deshalb auf der Bühne des öffentlichen Lebens noch nicht *Götterdämmerung* gespielt werden. *Falstaff* tut es in der Regel auch. Man hat die Demokratie einmal als Regierungsform der Langeweile bezeichnet. Peter Glotz gehört zu einer seltenen Spezies: Er ist ein kurzweiliger Demokrat.

Mit politischem *Showbiz* hat das viel weniger zu tun, als man vermutet – so effektvoll sich Peter Glotz auch aller Möglichkeiten der modernen Medien zu bedienen vermag. Dahinter verbirgt sich eine Maxime für den politischen Alltag: Ohne das Streben der Regierenden nach Verständlichkeit und ohne die Bereitschaft der Regierten zur Aufmerksamkeit verkommt die Demokratie zur Prozedur und zum Ritual. Davor schützt Peter Glotz, der so oft als Überflieger erscheint, die Bodenhaftung, die er sich als Lokal- und Landespolitiker erworben und als Bundes- und Europapolitiker bewahrt hat. Zwar ist er in seinen Tagebüchern unvorsichtig genug, den Neidhammeln und Bockwurstessern preiszugeben, dass er Quark mit Bratkartoffeln und weißem Bordeaux bei *Schumann's* zu sich nimmt und dass bei Herrn Ferenczy draußen in Grünwald es Kaviar zum Frühstück gibt – doch das sind Episoden; dieses Politikerleben hat sich weitgehend an quälend langen Abenden in den Hinterstuben der Parteilokale und auf den Bühnen der Biersäle abgespielt. Dort hat Peter Glotz gelernt, dass auch die Weltpolitik im Zeitalter der Globalisierung sich lokal einbetten und rechtfertigen muss. Wie lebendig und das heißt auch: wie legitim die Demokratie bleibt, entscheidet sich letztlich – um einen Essay zu zitieren, den Peter Glotz seinem Münchner Wahlkreis gewidmet hat – im *Norden der Stadt*. Dort geht Peter Glotz wie unsereins ins Kino. Ihm kann es nicht passieren, dass er, wie ein hochnäsiger Polit-Kollege, *Indiana Jones* für einen amerikanischen Senator hält.

Tempo, Tempo

Mit Peter Glotz befinden wir uns ununterbrochen auf den Pisten der Formel 1. Dabei wird er, der seine berufliche Karriere als Hilfssachbearbeiter für Allgemeine Haft- und Kraftfahrzeug-schäden begann, von seinem mörderischen Tempo nie aus der Kurve getragen, und die an ihm nicht hoch genug zu rühmende Bodenhaftung wird noch dadurch verstärkt, dass nicht Populismus und Gefälligkeit politischer Treibstoff für ihn sind, sondern Überzeugungen und Ideen, Gedanken und Programme. Seiner politischen Existenz liegt eine Ökonomie der systematischen Lebensführung zugrunde, die man nur bewundern kann, aber nicht nachahmen sollte – die telefonfreien Stunden der langen Morgendämmerung, in denen er nach Plan liest und schreibt, preist das Aufsichtsratsmitglied der Telekom mit geradezu hymnischen Worten. Wie kann man nur so viel – und dabei stets so gut – schreiben, wie kann man nur so vieles – und dabei immer Interessantes – lesen? Peter Glotz schreibt nicht nur jede Woche, manchmal scheint es auch so, als schreibe er allein die ganze *Woche*. Er ähnelt dem Engländer, der von sich selber sagte, er habe nie etwas gelesen, woran er sich später nicht mehr erinnern wollte – aber anscheinend will Peter Glotz sich an alles erinnern. Glaubhaft wird in seinem Freundeskreis die Episode überliefert, als einmal der Bundesgeschäftsführer der SPD mit seinem Parteivorsitzenden übers Wochenende auf eine Schiffstour ging, habe Peter Glotz sich 27 Bücher mitgenommen, der Vorsitzende dagegen habe sich mit einem Band begnügt. Am Sonntagmorgen klopfte es an die Kabine des Vorsitzenden, und Peter Glotz, der nichts mehr zu lesen hatte, lieh sich dessen Buch …

Die Skepsis des Europäers

Bei Peter Glotz gibt es eine bockige Europaerweiterungs-skepsis, die man auf den ersten Blick bei ihm, der doch so etwas verkörpert wie die Internationale in einem Fall, nicht vermuten möchte. Warum spielt ausgerechnet der Sohn einer tschechischen Mutter und eines deutschen Vaters, der in Eger geboren wurde und schon deshalb für jede Form von Mittel-europaromantik prädestiniert erscheint, gegenüber den Plänen

für eine Erweiterung der Europäischen Union nach Osten den
Miesepeter? Eben darum! Peter Glotz ist seiner Herkunft, seinem Temperament und seinen Neigungen nach so sehr ein über
den Brüsseler Brillenrand hinausblickender Großeuropäer, dass
er gegenüber der ebenso wohlfeilen wie heuchlerischen Euro-
parhetorik immun ist. So beginnt, 1992 publiziert, eine seiner
Streitschriften, *Die Linke nach dem Sieg des Westens*:

> »Diesem Buch wird ›Pessimismus‹ vorgeworfen werden.
> Der Sieg des Westens, die mitteleuropäische Revolution
> von 1989 – so hört man allenthalben – hätten die Welt ver-
> ändert und ein ›neues Denken‹ ermöglicht ... Da passt es
> nicht ins Bild, dass einer bezweifelt, dass man ganz Ost-
> europa in die Europäische Gemeinschaft aufnehmen und
> die Armeen künftig auf Polizeieinheiten zurückschrauben
> könnte. Ich bin kein Exzentriker. Deswegen habe ich meine
> Thesen sorgfältig hin und her gewendet; man möchte sich
> ja nicht zwischen alle Stühle setzen. Bei dieser Selbstprü-
> fung habe ich immerhin eine unbestreitbare Schwäche
> entdeckt: einen übertriebenen Widerwillen gegen das
> ›perspektivische‹ Reden, also die strategisch verbogene, auf
> Wunschwelten statt auf Realitäten gerichtete Sprache der
> politischen Klassen in Europa, besonders in Deutschland.
> Diese Sprache hat etwas von Selbsthypnose – und von Be-
> schiss. Aber die Völker, so kann man einwenden, kennen
> ihre Politiker und können die Festreden bei der Verleihung
> von Karls-Preisen in den Jargon ihrer Arbeits- und Feier-
> abendsgespräche übersetzen. Ich gebe also zu: Man kann
> gelassener sein, als ich es bin. Mich ärgert das idyllische,
> quallige, die Wirklichkeit missachtende Gerede der Bulle-
> tins über alle Maßen. Eine *déformation professionelle*. Man kalku-
> liere diesen Fehler ein.«

Ich wünschte, was seine von Neigung, nicht von Abneigung bestimmte Skepsis gegenüber der Erweiterung der Europäischen
Union angeht, Peter Glotz habe Unrecht. Ich fürchte aber, er
wird recht behalten. Wir brauchen seine warnende Stimme in

einem Land, in dem die Deutschen sich vereinigt haben, bevor sie sich einig werden konnten, wir brauchen seine konstruktive Skepsis in einem Europa, das zusammenwachsen und größer werden will und darüber auseinanderzubrechen droht. Seine Illusionslosigkeit weckt uns aus dem gefährlichen Traum, nach dem öffentlichen Fall des Staatssozialismus hielten die civil society in ihrem Lauf weder Ochs noch Esel auf.

Anders als die Mehrzahl auch des gegenwärtigen politischen Personals ist Peter Glotz, der politische Denker, nach dem Wunderjahr 1989 ein Realpolitiker geblieben – und er wagt es, zum Ärger mancher Sozialdemokraten, Grundzüge einer linken Politik zu formulieren, die frei sind von jeder Nostalgie. Er weiß, dass ein Programm sozialer Gerechtigkeit seine Antriebskraft heute nicht mehr der Empörung über den aus bitterer Not geborenen Holzdiebstahl der Moselbauern verdanken kann, sondern kühl und berechnend auf den weltweiten Innovationsdruck reagieren muss, der von Silicon Valley ausgeht. Peter Glotz zieht allemal der schlechten Intuition die gute Technik vor. Er ist ein Möglichkeitsmensch, der Musil öfter zitiert als Karl Marx. Dieser deutsche Europäer aus Böhmen ist, mit einer stillen Sehnsucht nach Kakanien, ein Mann unglaublich vieler Eigenschaften.

X. Der Zorn altert, die Ironie ist unsterblich.
Preisrede auf Hans Magnus Enzensberger

Der Hase

Am Start wirkt er besonders gespannt. Er sieht ein biss-chen zu schmächtig aus. Innerlich trippelt er bereits. Er zupft an der Startnummer, zieht das Trikot zurecht. Ein letzter Blick auf die Armbanduhr. Noch einmal den Zeitplan rekapi-tulieren. Gleich geht es los. Die Mitläufer nehmen kaum Notiz von ihm. Sofort setzt er sich an die Spitze des Feldes. Das beun-ruhigt niemanden. So ist es abgemacht. Im Fachjargon spricht man von einem ›Hasen‹. In der Leichtathletik sind Weltrekorde ohne ihn nicht mehr zu erzielen. Der Hase macht das Tempo. Mörderisch. »Wie will er das nur durchhalten«, sagen die, die keine Ahnung haben. »Das ist doch der Hase«, sagen die Ein-geweihten und bleiben gelassen, »der macht nur das Tempo. Gleich steigt er aus.« Und so geschieht es. Zwei, drei Runden vor Schluss hat der Hase seine Schuldigkeit getan, er geht aus der Bahn, die Favoriten, die er mitgezogen hat, ziehen davon; wenn alles klappt, fällt der Weltrekord. Der Hase ist längst auf dem Weg unter die Dusche.

Nicht immer.

Einmal geschah das Unerwartete. Der Hase machte das Tempo. »Mörderisch«, sagten die, die keine Ahnung hatten, »der hält das nie durch.« »Das ist doch nur der Hase«, sagten die Eingeweihten, »gleich steigt er aus«, und holten sich erst mal ein Bier. Doch der Hase stieg nicht aus, er blieb in der Bahn, er verschärfte sogar noch das Tempo, die Mitläufer blie-ben zurück, die Favoriten hatten das Nachsehen, und als der Hase duschte, gehörte ihm der Weltrekord.

Der Skorpion

Hans Magnus Enzensberger wurde am 11. November 1929 in Kaufbeuren im Allgäu, Regierungsbezirk Schwaben, geboren. Er ist Skorpion, und wo er einmal hinsticht, vergisst man ihn nicht mehr.

Vor fünfundzwanzig Jahren erhielt ich eine Einladung an ein Forschungsinstitut in Neu-England. Ich war sehr stolz – aber nicht sehr lange. »Aha, Sie tragen eine Krawatte.« So wurde ich begrüßt. »Er trug das Hemd stets offen«. Ich hatte keine Ahnung, von wem die Rede war. »Worüber werden Sie sprechen? – Hmm. – Er hielt die ganze Fragestellung schon für überholt.« So ging es weiter, tagaus, tagein. Das Institut war eine melancholieproduzierende Maßschneiderei: Dauernd wurde man mit der Elle gemessen, die einst einem anderen, einem Größeren angelegt worden war. Was aber besonders schmerzte: Er blieb in Erinnerung und war doch im Zorn geschieden, er hatte die Privilegien verschmäht und wurde immer noch gepriesen, er reiste, kaum da, schon wieder ab, hob sich, Hans Magnus und doch schon Fliegender Robert, in die Luft, demonstrierte rotzfrech den Furor des Verschwindens und blieb dabei stets das Maß der Dinge und Elle für all jene, die nach ihm kamen und die ihm nicht nachkamen.

Was tat Immanuel Kant, als er seinem langjährigen Diener Lampe, mit dem das Streiten nicht mehr aufhören wollte, endlich den Laufpass gegeben hatte? Mit deutlicher Schrift schrieb der Philosoph in sein Merkbüchlein: »Der Name Lampe soll von nun an auf immer vergessen sein« – und machte derart Lampe unsterblich. So hielten es auch die Kollegen der Wesleyan University, die 1967 Hans Magnus Enzensberger eingeladen hatten. Von ihm, der geschieden war im Zorn und abgerauscht nach Kuba, wollten sie nichts mehr wissen, aber nur über ihn, über niemanden sonst redeten sie noch eine Dekade später, und so, wie in der französischen Nationalversammlung

der Putschgeneral Boulanger erledigt war, als ihm der Ministerpräsident Floquet den Satz entgegenschleuderte: »Mein Herr!
In Ihrem Alter war Napoleon bereits tot!«, so bekam auch mein
Selbstbewusstsein seinen unheilbaren Knacks, als der Direktor
des Center, dem ich brav von meinem *work in progress* berichtet
hatte, mit trockener, ein wenig zerstreuter Höflichkeit erwiderte: »Schon gut, schon gut! – aber zu diesem Zeitpunkt war
Herr Enzensberger bereits wieder weg!«

Intellektuell wäre es natürlich befriedigender, sich einmal
ordentlich mit ihm zu streiten. Stattdessen ist schon wieder
eine Eloge fällig.

Der Libero

Denn dies hat Enzensberger mit Franz Beckenbauer gemeinsam: Auch wenn er einmal ein Selbsttor schießen sollte – in
die Geschichte wird es unweigerlich als genialer Rückpass ein-
gehen. Franz der Große gibt mir das Stichwort, um mit einem
Wort deutlich zu machen, was Hans Magnus für die Geistesgeschichte der Bundesrepublik bedeutet: Er ist der Libero der
intellektuellen Welt. Wir verfügen im geistigen Deutschland,
die Namen sind bekannt, über beeindruckende Ausputzer und
intelligente Flügelflitzer, kühne Flankenschläger und biedere
Stopper, bedächtige Aufbauspieler und ehrgeizige Ersatzleute,
und im rechten Mittelfeld herrscht schon wieder das übliche
Gedränge. Aber wir haben nur einen Libero. Hans Magnus Enzensberger. *Der* Libero. Der Nationaldichter, der nach Belieben
den Raum deckt oder den Gegner, der hinten dichtmacht und
dabei zugleich nach vorne marschiert. Der Libero. Philoso-
phisch gesprochen: Der freie Mann.

Hans Magnus Enzensberger ist ein freier, weil neugieriger
Mann. Das *rerum novarum cupidus* hat seit Cäsar und Cicero keinen guten Klang, aber Enzensbergers Begierde nach Neuem ist
ebenso ansteckend wie bewundernswert. Er ist auch ein mu-

tiger Autor: Die Risikogesellschaft in einem Fall. Mit leichter Hand schreibend, macht er es sich schwer. Würde er sich sonst am gefährlichsten aller Genres, am Kinderbuch, versuchen?

Und dabei ist Enzensberger immer schnell, fast zu schnell. »Das hält der nie durch!«, sagen die, die keine Ahnung haben.

Die Wetterfahne

In Frankreich gibt es seit langem ein *Dictionnaire des Girouettes* – das Lexikon der Wetterfahnen. Hier findet sich, in regelmäßigen Abständen auf den neuesten Stand gebracht, die Rangliste der Persönlichkeiten aus Geschichte und Gegenwart, die ihr Mäntelchen am häufigsten nach dem Wind hingen. An der Spitze steht unangefochten Talleyrand. Schon früh wollten einige Kollegen Hans Magnus Enzensberger einen Eintrag in diesem Lexikon verschaffen. Den ersten ärgerte, dass Enzensberger es nirgends lange aushält, der zweite klagte, H. M. glaube nur an sich, das sei seine einzige Stärke – und der dritte brachte den allgemeinen Unzuverlässigkeitsverdacht auf den Begriff, als er ein Treffen der Gruppe 47 mit folgendem Satz beschrieb: »Hans Magnus Enzensberger wechselt gerade den Platz.«

Der Tatbestand ist nicht zu leugnen. Nichts ist dem jüngsten Träger des Heine-Preises mehr zuwider als die von allen Seiten erhobene Forderung nach Festigkeit und Stetigkeit. Prinzipienscheu, doch zutiefst davon überzeugt, dass jede Sache falsch wird, wenn man sie zu Ende denkt, tummelt er sich vergnügt in einem Durcheinander sanfter Doktrinen und vorläufiger Lehrsätze. Auf die bangen Fragen, die er aufwirft, gibt er selbst die ebenso präzise wie beruhigende Antwort: »Das weiß ich auch nicht so genau!« Er lobt den Wirrwarr, begrüßt die Unruhe und preist die Unregierbarkeit und bleibt Theodor W. Adorno wie Herbert Wehner treu, die beide im Auseinanderklaffen von Theorie und Praxis einen zivilisatorischen Fortschritt sahen.

Ja, es ist etwas Machiavellihaftes an H.M., der schon früh in Niccolò seinen fünfhundertjährigen Bruder wiedererkannte. Das Problem ist nur, dass es in der Massendemokratie keinen Prinzen mehr gibt, der auf einen modernen Machiavelli hören könnte. So predigt Enzensberger meist tauben Ohren, wenn er uns alle höflich darauf aufmerksam macht, dass der begründete Sinneswandel der anhaltenden Sinnlosigkeit allemal vorzuziehen ist. Im Dezember 1851 schrieb Heinrich Heine an Marx, er habe so viel erlebt, dass er gar nicht mehr wisse, was eigentlich ein Fortschritt oder ein Rückschritt sei. Dieses Gefühl des begründeten Unwissens ist Hans Magnus Enzensberger nicht fremd. *Zickzack* heißt eines seiner Bücher. Es ist das Leitmotiv seiner Gesammelten Schriften.

Aber bereits die Chronologie hilft, den Vorwurf des Wankelmuts zu entkräften. Nehmen Sie die folgenden Sätze: »Die Moralische Aufrüstung von links kann mir gestohlen bleiben. Ich bin kein Idealist. Bekenntnissen ziehe ich Argumente vor. Zweifel sind mir lieber als Sentiments. Revolutionäres Geschwätz ist mir verhasst. Widerspruchsfreie Weltbilder brauche ich nicht. Im Zweifelsfall entscheidet die Wirklichkeit.« Ist das nicht ein starkes Stück? So schreibt jetzt der Autor, dessen aufrührerische Gedichte einst den Elan der 68er befeuerten? So zynisch gibt sich auf einmal der Poet, der wieder Pathos in die politische Lyrik brachte? Den Mann kann man doch nicht mehr ernst nehmen! Gemach. Der zitierte Text von Enzensberger stammt nicht aus dem Nachsommer, er datiert aus dem Vormärz der letzten deutschen Revolte – dem März des Jahres 1966.

»Jünger als jetzt, und bleich vor Eifer«, so beschreibt im epischen Rückblick Hans Magnus Enzensberger sich selbst im *Untergang der Titanic*, »seinerzeit glaubte ich jedes Wort, / das ich schrieb«. Gehört zu seinen Lieblingstexten vielleicht die folgende Keuner-Geschichte von Bertolt Brecht? *Ein Mann, der Herrn K. lange nicht gesehen hatte, begrüßte ihn mit den Worten: ›Sie haben sich gar nicht verändert.‹ ›Oh!‹, sagte Herr K. und erbleichte.* Es ist gut, dass in unserem Land, in dem die schlechte Laune als politisch korrekt und Verkniffenheit bereits als Nachweis von Intelligenz gilt, ein Dichter und Denker geehrt wird, dessen Hautfarbe immer frischer wird.

Hans und Harry

Über Hans Magnus Enzensberger hat als erster ein Kritiker trefflich geurteilt, den mit dem Preisträger eine eigentümliche ›Intimität auf Distanz‹ verbindet, so innig und so diskret zugleich, dass er ihn nie als Hans Magnus, sondern nur als H. M. anredet. Ich zitiere:

»H. M. ist unstreitig einer der witzigsten Schriftsteller Deutschlands, er kann seine Natur nicht verleugnen, und möchte er auch, alle witzigen Einfälle ablehnend, in einem steifen Perückentone dozieren, so überrascht ihn wenigstens der Ideenwitz, und diese Witzart, eine Verknüpfung von Gedanken, die sich noch nie in einem Menschenkopfe begegnet, eine wilde Ehe zwischen Scherz und Weisheit, ist vorherrschend in [seinem] Werke. ›*Universalität* ist der Charakter unserer Zeit‹, sagt H. M. [und da sein Werk] ganz den Charakter unserer Zeit trägt, so finden wir darin auch ein Streben nach jener Universalität. Daher ein Verbreiten über alle Richtungen des Lebens und des Wissens, und zwar unter folgenden Rubriken: ›Die Masse der Literatur, Nationalität, Einfluss der Schulgelehrsamkeit, Einfluss der fremden Literatur, der literarische Verkehr, Religion, Philosophie, Geschichte, Staat, Erziehung, Natur, Kunst und Kritik.‹ Es ist zu bezweifeln, ob ein junger Gelehrter [Autor] in allen möglichen Disziplinen so tief eingeweiht sein kann, dass wir eine gründliche Kritik des neuesten Zustandes derselben von ihm erwarten dürften. [H. M.] hat sich durch Divination und Konstruktion zu helfen gewusst. Im Divinieren ist er oft sehr glücklich, im Konstruieren immer geistreich. Wenn auch zuweilen seine Annahmen willkürlich und irrig sind, so ist er doch unübertrefflich im Zusammenstellen des Gleichartigen und der Gegensätze [...]. Wir können nicht genug rühmen, mit welchem Scharfsinne [H.M.] ... spricht.«

Ich bin mir sicher: Hätte der Rezensent gewusst, dass seine Vaterstadt dereinst einen Preis in seinem Namen stiften würde, er selbst hätte ihn mit dem größten Vergnügen H.M. zuerkannt – doch nicht Herrn Menzel, dessen Schrift *Die deutsche Literatur* aus dem Jahre 1828 er hier lobend zitiert, als Menzel noch Oppositioneller und noch kein Feind des Jungen Deutschland war, hätte Heinrich Heine gepriesen – sondern H.M. Enzensberger.

Als die *verteidigung der wölfe*, Enzensbergers erster Gedichtband, erschien, wusste Alfred Andersch für diesen Auftritt auf der Bühne des deutschen Geistes »keinen anderen Vergleich als die Erinnerung an das Erscheinen von Heinrich Heine«. Enzensberger habe neu geschaffen, was es in Deutschland seit Brecht nicht mehr gegeben und wofür Heine das Vorbild geliefert habe: das große politische Gedicht. Alfred Andersch ist nicht der einzige geblieben, der die Autoren von *Deutschland ein Wintermärchen* und *Deutschland, Deutschland unter anderem* miteinander verglichen hat.

Und zu vergleichen gäbe es vieles in der Sprache und in der Gesinnung, im Ton und in der Themenwahl, im Rhythmus der Verse und im so verführerisch leicht erscheinenden Dahingleiten der Prosa, im Mangel an Respekt gegenüber der Autorität und in der unerwiderten Zuneigung zur Revolution, im unstillbaren Hang zur Ironie, die weder Feind noch Freund verschont und nicht zuletzt im Leiden an unserem »Nacht- und Nebelland« (Enzensberger), dem »Land der Eichen und des Stumpfsinns« (Heine), einem Leiden, das Enzensberger wie einst Heine zum entschiedenen Kosmopolitismus im Denken und im Dichten führte.

Der Heine-Preisträger freilich ist mit Vergleichen zurückhaltend – nicht nur, was Heine betrifft. Als er den Büchner-Preis entgegennahm, sprach er nicht von der Poesie, nicht von Büchner und nicht von sich. Er sprach von Texten und Kontexten. Wenn man Heine und Enzensberger miteinander vergleichen wollte, müsste man nicht die beiden Autoren, sondern ihre literarische Umwelten miteinander vergleichen und beispielsweise herauszufinden versuchen, welche Entsprechungen es im restaurativen Umkreis des frühen Enzensberger zu den Milieufaktoren gab, die das Werk Heines entscheidend prägten: Exil, Zensur und »der große Judenschmerz«. Das aber wäre der Gegenstand einer Seminararbeit, nicht einer Laudatio. Enzensberger wird im Namen Heines geehrt; Hans Magnus wird nicht gelobt, weil er so ist wie Harry.

Poeta doctus

Von Hans Magnus Enzensberger haben wir uns bereits als Schüler belehren lassen. Auf seine Kursbücher sind wir abgefahren. Seine frühen Gedichte heute wiederzulesen, ist eine eigentümliche Erfahrung – sie führt zurück in eine Nostalgie, vor der wir uns ein für alle Male sicher glaubten. Selbst der Berliner, der doch stets, ich zitiere Enzensberger den Münchner, »nach alten Patronenhülsen, nach Osten, nach Schwefel, nach Desinfektion« roch, droht nun in jene Verklärung der alten Bundesrepublik zu verfallen, in der heute die Altlinken die Neorechten zu überbieten trachten. Wie war sie doch schön, die Zeit, in der die Republik noch überschaubar und frisch, Adenauer erst 87 und die Deutsche Akademie für Sprache und Dichtung in Darmstadt noch jung genug war, um den Büchner-Preis einem jungen Dichter zu verleihen! 1963, als er ihn erhielt, war Hans Magnus Enzensberger 34 Jahre alt – und ein Schuft, der erwähnt, dass in diesem Alter Georg Büchner bereits zehn Jahre lang tot war …

Hans Magnus Enzensberger begleitet uns nun schon lange. Es ist ebenso aufregend wie angenehm, in seiner Gesellschaft zu sein. Doch wer ist er wirklich? Ist er ein Aufklärer, ist er es nicht? Ein Hellseher? Ein Dunkelmann? Voltaire? Rousseau?

Als 1978 der 200. Todestag der beiden großen Kontrahenten der *Lumières* in Paris gefeiert wurde, schloss der Kongresspräsident seine Begrüßung mit den Worten: »Und wenn, meine Damen und Herren, ich mich zwischen Voltaire und Rousseau zu entscheiden hätte, ich entschiede mich heute und in aller Zeit für – Diderot.«

Ja, auch wenn ihm heute der Heine-Preis verliehen wird, zunächst denkt man an Diderot, wenn von dem Aufklärer Enzensberger die Rede ist. Heinrich Heine sprach von sich als von der armen deutschen Nachtigall, die ihr Nest in der Perücke Voltaires gebaut habe. Hans Magnus Enzensberger ist der Zaunkönig am Ohr Diderots.

Auch dieser Diderot ist eine Wetterfahne. Über die Einwohner seiner Heimatstadt schreibt er: »Die Menschen hier sind von Kind auf daran gewöhnt, ein Spielball des Windes zu sein. Der Kopf eines Mannes aus Langres sitzt ihm auf den Schultern wie ein Wetterhahn auf einer Kirchturmspitze. Nie bleibt er ruhig an einem Punkte stehen, und wenn er an seinen Ausgangspunkt zurückkehrt, dann bestimmt nicht, um lange dort zu verharren.« »Was denn sonst«, sekundiert Enzensbergers Fliegender Robert, den Vorwurf des Eskapismus fröhlich zurückweisend, »Was denn sonst / bei diesem Sauwetter!«

In der Gegenwart gibt Hans Magnus Enzensberger das überzeugende Beispiel dafür, wie eine skeptische Aufklärung nicht nur überleben, sondern weiterleben und sich entwickeln kann. Die Geschichte der Aufklärung ist ja keineswegs, wie die Lehrbücher meinen, ein Kampf der Lichtgestalten gegen die Dunkelmänner. Sie ist, zunächst und vor allem, wie der Titel der großen französischen Enzyklopädie es ausdrückt, der tollkühne Versuch, die *arts*, die *sciences* und die *métiers* noch einmal zusammenzubringen, also die Trennung zwischen den Künsten, den Wissenschaften und der Praxis, die Kluft zwischen Kopf- und Handarbeit, aufzuheben. In unserer Zeit hat keiner dies so nachdrücklich, im ebenso selbstverständlichen wie heiteren Gefühl des Scheiternmüssens versucht wie Dr. Hans Magnus

Enzensberger. Er ist der *poeta doctus* unter den deutschen Schriftstellern, und an Gelehrsamkeit ist ihm nur noch Dr. Benn an die
Seite zu stellen.

Nicht um das ›empirische Mitschwatzen‹ des Dichters
geht es, wie Goethe es verächtlich nannte, sondern um Recherche und um Detailarbeit, zu Hause in alten Büchern und
draußen auf der Straße, es geht um Statistiken und um Schau-
bilder, Gespräche mit Betroffenen und Quellenkritik, um eine
Hermeneutik, die ebenso präzise wie sensibel ist, es geht um
die Anstrengung des Begriffs statt der gewundenen Phrase der
Verlegenheit, es handelt sich stets um Feldforschung und nie
um Weltschmerz. Und immer läuft es darauf hinaus, die erwor-
benen Kenntnisse in eine Sprache zu übersetzen, die von möglichst vielen verstanden wird. Der Dichter als Aufklärer ist nicht
zuletzt ein *homo faber*, und unter den deutschen Dichtern dieses
Jahrhunderts wüsste ich keinen, der so sehr wie Hans Magnus
Enzensberger – der Herausgeber und der Übersetzer, der Re-
dakteur und der Reklamefachmann, der Theaterprinzipal und
der Korrektor, der Wortzauberer und der Zahlenteufel – sich
auch als Handwerker verstanden hat.

Zorn und Ironie

Es ist stets amüsant, Hans Magnus Enzensberger zu lesen,
ein reines Vergnügen, ihm zuzuhören, und wer über ihn spricht,
gerät unweigerlich in die Versuchung, sich ein wenig von seiner Verstandesheiterkeit zu borgen. Er hat so viel davon. Doch
zugleich durchzieht Enzensbergers Schriften ein Ernst, der sich
hinter allem Spaß nur mühsam verbirgt, durchzittert seine Sätze
eine Unruhe, die nicht nur etwas mit dem Temperament des
Schreibenden, sondern auch mit den Themen seiner Beschrei-
bungen und mit dem Tonfall der Zeit zu tun hat. Jüngste Beispiele dafür sind zwei Essays: *Die große Wanderung* und *Aussichten auf
den Bürgerkrieg*.

Am 19. November 1830 schrieb Heinrich Heine an Varnhagen: »Wie es Vögel giebt die irgend eine physische Revoluzion, etwa Gewitter, Erdbeben, Ueberschwemmungen etc vorausahnen, so giebts Menschen denen die sozialen Revoluzionen sich im Gemüte voraus ankündigen, und denen es dabei lähmend betäubend und seltsam stockend zu Muthe wird.« Hans Magnus Enzensberger mit all seinem Witz ist ein solcher Mensch, ein lebender Seismograph, ein *anticipator maximus*. Ein Besserwisser aber ist er nicht und wir sind ihm dankbar dafür, dass er nicht aufhört, seinen ›Betäubungen‹ und ›Stockungen‹ eine Form zu geben, die aufrüttelt, ohne zu predigen und die mahnt, ohne zu lamentieren. »Sogar zu einem bisschen Sarkasmus könnte es wieder reichen«, meinte er im Jahr der großen Begeisterung, im Jahr des Mauerfalls, »wenn man sich weigert, jederzeit auf Verlangen grundsätzlich zu werden, zu einer gewissen Heiterkeit im Angesicht der allgemeinen Depression. Hie und da eine Prise Lichtenberg, ein Quentchen Diderot, ein Hauch Heine – und schon röche es nicht mehr so muffig im intellektuellen Psychodrom.«

Als Alfred Andersch Ende der fünfziger Jahre den Auftritt Hans Magnus Enzensbergers im Kantatenton beinahe so ergriffen begrüßte wie sonst nur Gläubige die Wiederkunft des Herrn – »Endlich, endlich ist unter uns der zornige junge Mann erschienen« –, da dachte er an die Zukunft, an den heutigen Tag vielleicht, als er fragte: »Eine Begabung wie diejenige Enzensbergers wird immer gefährdet sein. Was wird mit ihm geschehen, wenn der Zorn einmal nachlässt, wenn nicht mehr Empörung die leichte Hand regiert?«

Die Antwort auf diese Frage – meine Gratulation an Hans Magnus Enzensberger in einem Satz – ist einfach. Sie kann, im Geiste Heinrich Heines, nur lauten: Der Zorn altert, die Ironie ist unsterblich.

XI. Die Singapur-Kreuzung
Vor einer Lesung von Lars Gustafsson

Die Berliner Akademie der Künste hat mich gebeten, heute Abend das Gespräch zwischen Lars Gustafsson und seiner Übersetzerin Verena Reichel einzuleiten. Das werde ich nicht tun. Ich tue schon sonst nichts anderes, das bringt mein Beruf so mit sich, als andere Leute vorzustellen und fremde Reden einzuleiten. Vorsprechen und Nachsagen. Ein trauriges, ein depressionsförderndes Geschäft. Es ist wie in der Bundesliga: Bevor die Mannschaften erscheinen, dürfen sich die Ersatzspieler auf dem Platz tummeln, gnadenlos ausgepfiffen vom Publikum, das ungeduldig seine Stars erwartet. Da wird man gemütskrank, da spiele ich nicht mehr mit. Da Sie alle jetzt wohl nicht mehr gehen werden – denn Lars Gustafsson und Verena Reichel, die Stars und Stammspieler des heutigen Abends, werden ja noch sprechen –, nutze ich meine Chance. Ich leite nichts ein und stelle niemanden vor. Ich lese – endlich – meinen eigenen Text. Es handelt sich um eine längere Erzählung. Sie heißt:

Die Singapur-Kreuzung

Es war einmal, fast vor Menschengedenken, in den meisten nordischen Ländern regierten noch immer und in Westdeutschland zum ersten Mal die Sozialdemokraten, die 68er wurden ihrer Utopien schon langsam müde und suchten sich Jobs bei IBM, und von den 89ern war noch überhaupt keine Rede, in dieser eigentümlichen Übergangszeit war es, da lud Lars Gustafsson uns ein, die Ferien in Schweden zu verbringen, ganz in seiner Nähe, im nördlichen Västmanland, am See O-Männingen, in Djüpnäs, einem alten Dorf, das nur aus ein paar Häusern aus dem 16. Jahrhundert besteht, die alle früher Herrn Arenander und jetzt Herrn Hildemann gehörten und von denen jedes seine eigene feuerrote Feuerspritze besitzt. Und so zogen wir in eines dieser Häuser, die drinnen aussahen, als hätte Carl Olof Larsson sie persönlich eingerichtet, lasen unseren Kindern Selma Lagerlöf und Astrid Lindgren vor und brauchten Lars Gustafsson nicht zu lesen, der auf dem anderen Ufer des Sees wohnte, weithin sichtbar im ganzen Västmanland, denn sein Segelboot – es hieß *Nemesis* oder *Framsteg*, zu Deutsch: Fortschritt, ich weiß es nicht mehr so genau – hatte als einziges Boot auf dem See schwarze Segel, und wir freuten uns auf viele Gespräche mit Lars und auf seine Geschichten, denn er hatte versprochen, oft über den See zu uns zu segeln.

Doch wer nicht kam, war Lars Gustafsson.

Nach fünf Tagen rief ich ihn endlich an. Er hatte doch kommen wollen. Milder Himmel! Er konnte doch beim besten Willen nicht kommen. Warum denn nur? Der Sturm! Welcher Sturm? Und Lars Gustafsson fing an, in jenem eigentümlichen schwedischen Sommer, der blinzelte, wenn er einmal die Sonne sah, und in dem der Wind dennoch so selten wehte, dass ein Lufthauch uns nur dann streifte, wenn nachts die *Fladdermussen*, die Fledermäuse, ihren ersten Sturzflug wagten, Lars Gustafsson fing an, am anderen Ende des Telefons, fast in unserer Sichtweite, und das schlaffe schwarze Segel seines Bootes konnte man tatsächlich sehen, von Stürmen zu erzählen, die Tag und Nacht das Wasser des schrecklichen O-Männingen aufgewühlt und ihn daran gehindert hatten, Anker zu lichten und die drei Meilen nach Djüpnäs zu segeln. Nun aber werde er, wie versprochen, kommen.

Nein, nicht mit dem Boot. Der Sturm würde wohl zu stark sein. Mit dem Auto. Und seinen Tennisschlägern. Er freue sich auf das Spiel, auch wenn die Böen uns beim Aufschlag wohl ziemlich zu schaffen machen würden. Der Platz sei für 17 Uhr reserviert. Er werde um 12 pünktlich in Djüpnäs sein. Fein, sagte ich, da könne man noch zusammen zu Mittag essen und hinterher in Ruhe Kaffee trinken. Wie wäre es mit einem Zander in brauner Buttersoße? Nichts da, er werde mit laufendem Motor auf den Mitspieler warten. Um 12? Und dann? Der Tennisplatz sei doch nur eine Viertelstunde entfernt! Eine Viertelstunde! Milder Himmel, man kenne die Gegend ja immer noch nicht. Auf dem Wege nach Västeras müsse man schließlich die Singapur-Kreuzung überqueren. Es sei im übrigen keine schlechte Idee, auf alle Fälle für die Nacht auch ein paar Wollsachen mitzunehmen.

Und Lars Gustafsson erzählte von einer Kreuzung in Singapur, an welcher der Verkehr so stark sei, dass an manchen Tagen die Autofahrer in ihren Fahrzeugen – Liegesitze und Leselampen seien dort Pflicht wie bei uns die Sicherheitsgurte – übernachten müssten, Passagiere sich stets Wegzehrung für mehrere Mahlzeiten mitnähmen und eine Zeitung existiere, die vor Ort nur für die Kreuzungsbewohner gedruckt werde und die *At the Crossroads* hieße. Beckett sei hier beim Warten auf die Idee gekommen, seinen *Godot* zu schreiben. Er selbst habe übrigens, während er einmal an dieser Kreuzung habe drei Tage lang ausharren müssen, für die Zeitung einen Essay geschrieben, in dem er gezeigt habe, dass zwischen Bachs Klavierfuge in a-moll (BWV 894), Linnés *Flora Lapponica* und den schwedischen Steuergesetzen eine eigentümliche Strukturverwandtschaft bestehe. Er sei um 12 Uhr da. Mit laufendem Motor. Man solle sich beeilen, aber Frau und Kindern ordentlich auf Wiedersehen sagen.

Lars kam um Viertel vor zwölf. Der Motor lief. Gustafsson stieg nicht aus. Das Auto war mit Proviant vollgepackt. Auf dem Rücksitz lagen neben Dutzenden von Notbutterbroten ein halbes Dutzend Tennisschläger. Er fuhr los, in rasendem Tempo. Dann die Vollbremsung, Butterbrote und Tennissachen wirbelten durcheinander. Wir waren kurz vor Västeras. Wir hielten an der Singapur-Kreuzung. Es war sehr still. Eine Drossel schlug. Die Zeit flimmerte. Reglos dehnte sich die Fußgänger-, Fahrrad- und Autolose Landschaft des nördlichen Västmanland, der Sommer blinzelte und immer noch wehte kein Lüftchen. Lars! Was soll das? Gustafsson war längst ausgestiegen. Lag auf dem Boden, das Ohr an den Asphalt der Landstrasse gepresst. Lauschte. Weißt du, man kann an dieser Kreuzung nie wissen, im nördlichen Västmanland fahren die Leute sehr schnell!

Wir spielten Tennis und Lars probierte ein paar neue Arten des Aufschlags, und auf dem Rückweg, bei dem wir die Singapur-Kreuzung vorsichtshalber weiträumig umfuhren und einen neugebauten Tunnel nutzten, aßen wir in Frau Andersons Konditorei in Norrberg Blaubeerkuchen. Doch in den Tagen danach aßen wir nichts als die Butterbrote, die alle Herr Gustafsson persönlich geschmiert hatte.

Sie kennen die Daten und Namen, Sie haben Lars Gustafsson gelesen, sonst wären Sie nicht hier, was soll ich Ihnen noch sagen? Lars Gustafsson spürt den Sturm, wo wir uns in der Flaute wähnen, den leeren Kreuzungen misstraut er, er ahnt, was noch alles auf uns zukommt. Es ist gut, immer ein paar Wollsachen dabei zu haben. Lesen Sie immer wieder *Die Maschinen*, diesen frühen Band seiner wunderbaren Gedichte – es geht um den Beginn der Moderne, die Grubenkunst des 18. Jahrhunderts –, und zugleich tun in diesen Versen die Fallen sich auf, in welchen die industrielle Welt sich verfangen wird. Lesen Sie, lesen Sie heute wieder seine Tetralogie der schwedischen Romane: Ringsum schwärmt alles von Zuwachsraten und jedermann ist mehr als vollbeschäftigt, und in diesen schmalen Büchern zerreißt es bereits den Wohlfahrtsstaat. Läse ich Ihnen einen Klappentext vor, ich müsste Ihnen als unerhörte Neuheit berichten, dass Lars Gustafsson Romancier, Lyriker und Philosoph ist. Milder Himmel: Er ist stets alles zugleich, also nichts von dem, er ist ein Tennisspieler, manche Bälle kommen überrissen, das meiste aber ist Top-Spin. Keine Angst, die Geschichte, wie Lars auf dem Berliner Rot-Weiß-Platz für den Gewinner der Australian Open gehalten wurde, werde ich Ihnen nicht auch noch erzählen.

»Milder Himmel«! Es ist der Ausruf, den ich von Lars

Gustafsson vielleicht am häufigsten gehört habe, nicht nur im nördlichen Västmanland, sondern in Uppsala, in Austin, im Teutoburger Wald bei Bielefeld und in Berlin. Bei Gustafsson, der Philosophie im menschlichen Sprachzentrum, nämlich in Oxford, studiert hat, ist dieser Ausruf keine beiläufige Äußerung. Es ist ein Schlüsselwort. In ihm beansprucht, auf engstem semantischen Raum, die Phantasie ihr Recht gegen die vermeintlichen Realitäten der Politik und der Meteorologie. »Milder Himmel« – der Stellenwert, den dieser Ausruf im Werk Lars Gustafssons einnimmt, lässt sich nur mit der Bedeutung des barometrischen Minimums über dem Atlantik vergleichen, mit dessen Schilderung Robert Musils Roman *Der Mann ohne Eigenschaften* einsetzt.

Lars Gustafsson ist wie Musils Ulrich ein Möglichkeitsmensch, aber er ist es nicht nur aus Veranlagung, sondern aus Enthusiasmus, und dazu ist er ein Mann vieler, für den gewöhnlichen Sterblichen fast zu vieler Eigenschaften. Er ist »Poet, Essayist, Novelist«, der PEN-Club in einer Person, aber dazu ist er noch Professor, Philosoph, Polemiker, Maler, Flöten- Tischtennis- und Tennisspieler sowie – wenn das Wetter es zulässt – Einhandsegler. Vor allem aber ist Lars Gustafsson anstrengend. Ich weiß, wovon ich rede. Lars Gustafsson kann nie eine Sache alleine tun, er scheint kerngesund zu sein und leidet doch am angeborenen Drang zur Synästhesie, mit welchem er jeden seiner Zeitgenossen anzustecken versucht. Er ruft, wenn er wieder einmal in Berlin ist, um 5 Uhr in der Frühe an und sagt – jedes Wort ist ein Hinterhalt –: »Du, wollen wir nicht ein paar Meilen durch den Tiergarten laufen und uns dabei über Boolesche Algebra unterhalten?« Dem Betrachter seiner selbstgemalten Bilder erläutert der Flötenspieler nebenbei die spezifischen Atemschwierigkeiten in Johann Sebastian Bachs Triosonate, und wenn man beim Tennis glaubt, ihn mit einem Passierball endlich einmal auf dem falschen Fuß erwischt zu haben, zitiert er im vollen Lauf aus seiner Sestine über den gelungenen Netzvolley – »Einmal war jeder Augenblick noch ganz«, so hebt sie an – und schon wieder ist er der Überzeugung, einen Tie-Break für sich entschieden zu haben.

Lars Gustafsson war schon als kleiner Knabe anstrengend. Kronzeugen sind die Schulkameraden aus der Volksschule in seinem Geburtsort Västeras. John Updike aber ging es nicht anders, als er die Bekanntschaft von Lars Gustafsson machte. So beginnt seine 1982 im *New Yorker* erschienene Rezension von Gustafssons Roman *Der Tod eines Bienenzüchters*: »Vor einigen Jahren lernte ich in Australien den vielseitigen schwedischen Schriftsteller Lars Gustafsson kennen, der gerade in Ost-Berlin gewesen war, wo er fließend Deutsch gesprochen hatte, der nun in Adelaide fließend Englisch sprach und meines Wissens kurz darauf nach Paris fahren sollte, um dort mit seinem Französisch zu glänzen. Gustafsson erschien als beneidenswerter idealer Konferenzteilnehmer, ein rotbärtiger Fisch, der in seinem Element war, der gleichermaßen Bücher, Gedanken und Gespräche liebte und auf allen Gebieten versiert war.«

Meine Damen und Herren, machen Sie es wie John Updike: Lesen Sie Lars Gustafsson. In Deutschland heißt das zugleich: Lesen Sie Verena Reichel. Ich weiß sehr wohl, dass Lars Gustafsson auch von anderen bedeutenden Übersetzern übersetzt wurde – von Hanns Grössel und Hans Magnus Enzensberger beispielsweise – doch im deutschen Sprachraum spricht er für uns vor allem mit der Stimme Verena Reichels. Es gibt neidische Stimmen im Norden, die behaupten, Lars Gustafsson sei ein typischer Auswärtsspieler: In Deutschland sehe man in ihm einen größeren Autor als in Schweden. Das ist eine boshafte Behauptung, in der Tat, aber zugleich ist es ein Zeichen der Anerkennung für Verena Reichel. Ich weiß wohl, dass Verena Reichel auch andere Autoren übersetzt hat – für uns spricht aus ihr Lars Gustafsson. Verena Reichel lesend, muss ich daran denken, dass im Spanien des Goldenen Zeitalters der Übersetzer, der gut übersetzte, sich stolz *inventor*, Erfinder, nennen durfte. Verena Reichel ist eine Erfinderin. An ihrem Werk wird deutlich, dass Europa, unser alter Kontinent, ein Kontinent übersetzter

Kulturen ist. Auch von solchen Übersetzungen werden wir geistig leben, solange wir noch lesen wollen.

Zwischen Autor und Übersetzer, so denke ich es mir, muss sich im Laufe der Zeit eine identitätsbedrohende Symbiose entwickeln. Verena Reichel ist eine Erfinderin. Hat sie auch Lars Gustafsson erfunden? Wer ist hier überhaupt wer? Genug gefragt, genug erzählt. Endlich der Anpfiff. Die Stammspieler stoßen an. Heute Abend spielen wir auf dem Platz der Akademie mit zwei Spitzen. Wie ähnlich sie sich doch sind! Ich kann die Rückennummern kaum voneinander unterscheiden. Vorsichtshalber also sage ich: Guten Abend, Herr Reichel, Guten Abend, Frau Gustafsson!

XII. Ein Held unserer Zeit – Herr K.
Über György Kurtág

Tritt zu Beginn musikalischer Darbietungen ein Herr vor das Publikum, besteht in der Regel Anlass zu größter Besorgnis. Seine verlegenen Gesten und seine betrübte Miene verheißen nichts Gutes: Der Dirigent hat seine Schlaghand verrenkt; die Sängerin fühlt sich indisponiert und bittet darum, nicht genau hinzuhören; trotz aller Bemühungen hat sich der Konzertflügel nicht umstimmen lassen.

In mir, meine Damen und Herren, haben Sie bei dieser Matinee keinen Boten bevorstehenden Unheils zu fürchten. Auch sollten Sie sich von dem etwas feierlichen Obertitel, mit dem meine Bemerkungen im Programm der Luzerner Festwochen angekündigt werden, nicht abschrecken lassen: Ich halte einen Festvortrag, der so heißt, weil seine Länge feststeht: dreißig Minuten – zu wenig Zeit, um György Kurtág angemessen zu würdigen, eine kleine Ewigkeit, wenn man bedenkt, dass dieser Meister Werke von himmlischer Kürze komponiert hat, die nicht länger dauern als ein paar Wimpernschläge.

Parler musique ist unendlich schwierig. Es gibt eine einzige Partitur von György Kurtág, die ich lesen und über die ich sprechen kann. Es ist seine Laudatio auf den Freund und Lehrer György Ligeti. Hören Sie daraus die Anfangssätze:

»Wie erzählt man – wenn man die Worte nicht meistert? Wie kann ich Szenen aus unserer gemeinsamen Zeit mit Ligeti heraufbeschwören, ohne über die minimale Technik zu verfügen, die Erzähltes mit Vor- und Nachgeschichte verbinden kann? Wenn ich meine Erinnerungen wie Musik komponieren könnte, müsste ich simultan erzählen – den Hauptfaden wie auf einem Podium im Zentrum mir vorstellen, die Vorgänge, z. B. was Ligeti früher erlebte und ich

nur von seiner oder anderer Erzählung kenne, sagen wir oben in eine der hinteren Ecken [platzieren], die Ergebnisse des zentralen Geschehens auch irgendwo, abseits oder oben vorne und eine Folge von nur aufleuchtenden Begebenheiten vieler Jahre sozusagen um uns herum.«
Wie erzählt man – wenn man die Worte nicht meistert? György Kurtág hat diese Frage mit einer Wort-Komposition beantwortet, einer Ode an die Freundschaft, deren Töne Innigkeit und Ironie, Persönliches und Politisches, Komik und Tragik miteinander verbinden und sich zu einem Hymnus steigern, in dem selbst das Pathos noch natürlich klingt: Kurtág, der sich in der Nachfolge György Ligetis sieht, spricht von seiner »Imitatio Christi«. Einen ähnlich hohen Ton kann ich bei dieser Matinee nicht anschlagen. Imitieren aber lässt sich die Technik Kurtágs durchaus: So, wie er zu musikalischen Strukturen seine Zuflucht nahm, um seiner Erzählung eine angemessene Form zu geben, werde ich einen Erzähler zitieren, um mich dem Komponisten György Kurtág und seinem Werk zu nähern.

Diese Technik hat Tradition. Im 18. und 19. Jahrhundert wurde es üblich, Komponisten mit Dichtern zu vergleichen. 1807 schrieb Johann Ernst Wagner, ein von Robert Schumann geschätzter Autor, in einer Rezension von Beethovens *Eroica*, es sei ganz unmöglich, den Charakter eines großen Tonkünstlers angemessen darzustellen, da die Musik sich zwischen Natur und Idee, zwischen Schein und Sein nicht entscheiden könne. »Das einzige Mittel«, so lautet Wagners Schlussfolgerung, »hier und da *etwas Weniges* vom Charakter deutlich zu machen, besteht in Vergleichungen der *Tonkünstler* mit *Dichtern*.« Und so wird – dieser Vergleich lässt sich auch heute noch nachvollziehen – Haydn der Wieland der Musik genannt und Wolfgang Amadeus Mozart heißt ein tönender Schiller. Da aber stocken wir bereits – und dass Beethoven schließlich das genaue musikalische Gegenstück zu Jean Paul sein soll, will uns erst recht nicht einleuchten. Ausgerechnet in Jean Pauls Roman *Flegeljahre* geraten sich eine Truppe deutscher und italienischer Musiker nach ausgiebigem

Weingenuss über die miteinander konkurrierenden Vergleiche von Komponisten und Dichtern so sehr in die Haare, dass sie am Schluss ihre Instrumente auf den Köpfen der Mit- und Gegenspieler erklingen lassen. Denn die Deutschen können sich nicht einigen, ob Mozart nun der Euripides oder der Shakespeare der Musik sein solle, woraufhin die Italiener, der germanischen Grundsätzlichkeiten müde, ein spöttisches Triumphlied anstimmen: Ihnen sei das alles völlig egal und in Neapel geige man dem Mozart – egal ob er nun auf einmal Euripides oder Shakespeare heiße – ohnehin etwas vor.

Vergleiche dieser Art haben eine lange Tradition. Dennoch müssen sie mit Vorsicht betrachtet werden. Es sind grobe Hilfsmittel zum Verständnis von Musik, Interpretationsinstrumente, die in jeder Epoche neu gestimmt werden müssen, Deutungskrücken – und zugleich sind es Zeichen einer ebenso fruchtbaren wie verwirrenden Mischung der künstlerischen Genres, die seit der Romantik in Europa nicht mehr aus der Mode gekommen ist. Gottfried Keller war es, der den Erzähler im *Grünen Heinrich* über die »wunderliche Manier« staunen lässt, in welcher die verschiedenen Künste ihre technischen Ausdrucksweisen miteinander tauschen, so dass beispielsweise eine Symphonie auf einmal gar nicht anders mehr beschrieben werden kann, als handele es sich um ein Gemälde. Eine Schwierigkeit wird mit einer anderen beantwortet: Aus *parler musique* wird *parler peinture*. Keiner künstlerischen Zunft schien es in ihrer Haut mehr wohl zu sein, auf einmal wollte jede unbedingt im Habitus einer anderen einherziehen.

Wir sind beim Thema dieser Luzerner Musikfestwochen: Wir sind bei Metamorphosen und Verwandlungen. Als Ligeti, sein großer Anreger, der Lehr- und Lesemeister, noch in der gemeinsamen, frühen Budapester Zeit György Kurtág Franz Kafkas *Prozess* zu lesen gab, verstand Kurtág den Roman nicht. Jahre später las er in Paris *Die Verwandlung*. Dieser Text, so Kurtág, wurde sein »Schlüssel für Kafka«.

Franz Kafka bezeichnete sich selbst nicht nur als unmusikalisch – er war geradezu stolz darauf, *Die Lustige Witwe* nicht von *Tristan* unterscheiden zu können. In seinen *Tagebüchern* schreibt er: »Als es in meinem Organismus klar geworden war, dass das Schreiben die ergiebigste Richtung meines Wesens sei, drängte sich alles hin und liess alle Fähigkeiten leer stehn, die sich auf die Freuden des Geschlechtes, des Essens, des Trinkens, des philosophischen Nachdenkens, der Musik zuallererst, richteten.« Vielleicht ist es diese unmusikalische Bockigkeit Kafkas, die von ihm gewiss mit Vergnügen vernommene Behauptung, seine Texte seien unvertonbar, die Komponisten wie Ernst Krenek, Bruno Maderna und Hans Werner Henze gereizt hat, sich mit seinem Werk zu beschäftigen. Ein Höhepunkt der Kafka-Vertonungen sind György Kurtágs *Kafka-Fragmente*, op. 24 für Sopran und Violine, die im Rahmen dieser Festwochen zum ersten Mal eine szenische Umsetzung erfahren.

Die Mischung der Stile und Traditionen ist im 20. Jahrhundert zu einer Selbstverständlichkeit geworden. Wenn wir heute künstlerische Genres miteinander in Beziehung setzen wollen, sind wir auf persönliche Gleichungen, die immer auch etwas Gleichmacherisches an sich haben, nicht mehr angewiesen. György Kurtág ist nicht der Kafka der modernen Musik. Aber er teilt, mehr als jeder andere ›Tonkünstler‹, mit diesem Dichter die »erfreuliche Halsstarrigkeit«, den Willen zum Unbedingten, den Drang zum Äußersten in allem, den Abscheu vor dem künstlerischen Kompromiss. Wenn Kafka nicht die ganze Kraft zum Schreiben in sich fühlte, so war er im Stande, »monatelang keine Zeile mehr zu dichten, statt sich mit einer halben und auch-guten Dichtung zufriedenzustellen«. Ähnliches hat Kurtág über sich gesagt. Für Kafka war die Welt der für ihn wichtigen Tatsachen unabsehbar, und Kurtág, so Pierre Boulez voller Bewunderung, verfügt über eine verschwenderische Fülle von Ideen – aber eben diese Fülle an Möglichkeiten wird der Strenge des eigenen künstlerischen Urteils unterworfen und hat in beiden Fällen in der Wirklichkeit Kargheit zur Folge. »Ich bin der magerste Mensch, den ich kenne«, schrieb Kafka – und es war nicht nur sein Körper, es war auch sein Werk, wovon er sprach.

Nicht dass Kafka wenig schreibt und Kurtág wenig komponiert, ist von Bedeutung – bezeichnend ist, dass beide so viel Eigenes verwerfen. Auch die folgenden Worte Franz Kafkas kann man in Variationen bei György Kurtág finden: »Dass ich so viel weggelegt und weggestrichen habe, ja fast alles, was ich in diesem Jahre überhaupt geschrieben habe, das hindert mich jedenfalls auch sehr am Schreiben. Es ist ja ein Berg, es ist fünf Mal so viel, als ich überhaupt je geschrieben habe, und schon durch seine Masse zieht es alles, was ich schreibe, mir unter der Feder weg zu sich hin.«

Was Kafka zerreißt und woran er zerbricht, ist die Spannung zwischen dem Wunsch nach dem »Stillewerden und Wenigerwerden der Stimmen der Welt«, zwischen seiner Überzeugung, dass Stummheit zu den Attributen der Vollkommenheit gehört, und dem Drang, sich zu äußern, schreiben zu müssen, mit unsichtbaren Ketten an eine unsichtbare Literatur gekettet zu sein. Kafka hatte keine literarischen Interessen, er war ganz und gar Literatur. Nur der »Wellengang des Schreibens« trägt ihn über die Untiefen der Zeit: »Meine Lebensweise ist nur auf das Schreiben hin eingerichtet und wenn sie Veränderungen erfährt, so nur deshalb, um möglicher Weise dem Schreiben besser zu entsprechen, denn die Zeit ist kurz, die Kräfte sind klein, das Bureau ist ein Schrecken, die Wohnung ist laut und man muss sich mit Kunststücken durchzuwinden suchen, wenn es mit einem schönen geraden Leben nicht geht.«

Franz Kafkas Schreiben und György Kurtágs Komponieren – es sind vielleicht die bedeutendsten Beispiele für die Kammerkunst des 20. Jahrhunderts, Versuche, in lauten Wohnungen die Utopie des schönen, geraden Lebens aufrechtzuerhalten. Kammerliteratur, Kammermusik – das ist wörtlich zu nehmen, denn Kafka wie Kurtág haben einen Grossteil ihres Lebens in kleinen Zimmern gearbeitet: »1946–47 Budapest Szondy utca 9½«, schreibt Kurtág in seiner Laudatio auf György Ligeti, die zugleich sein eigener Lebensrückblick ist, »hier wohnen wir mit meiner Frau Márta in einem Dienstbotenzimmer neben der Küche, mit Schaben in der Nacht, 5 Jahre lang bei meiner Tante. Zimmerlänge 4 m, Zimmerbreite 2 m.« Es ist bezeichnend für Kurtág, dass er die erbärmlichen Lebensumstände, aus denen der Reichtum seiner *arte povera* erwuchs, nicht als Anlass zur Anklage nimmt, sondern darin einen Anhaltspunkt zur Analyse seiner musikalischen Vorlieben findet. Nicht jede Musik passt in jedes Zimmer, und so manches Mal wechseln mit den Orten auch der Geschmack und das Gefallen. Anton Bruckner habe er, schreibt Kurtág, »bis ich sechzig war, einfach nicht zur Kenntnis genommen. Schon seit 1971 hatte ich die neunte Sinfonie von Bruckner in einer Aufnahme mit Furtwängler, den ich sehr liebte. Ich habe sie lange nicht angehört. Dann aber lernte ich die Interpretation Furtwänglers des zweiten Satzes der Vierten von Bruckner kennen: die schönste ›Schubert-Interpretation‹, die ich je gehört hatte. Vielleicht ist in Bruckners Musik etwas, was Schubert vergleichbar ist, dachte ich. Wir hatten gerade unser Haus in der Provinz in Ungarn bezogen. Bis dann hatte ich immer in einem ganz engen, kleinen Zimmer gearbeitet. Aber zum Musikhören hatte ich [nun auf einmal] einen großen Raum, in dem ich bis zur Donaubiegung ein gewaltiges Panorama vor mir hatte. Das war für das Musikhören wichtig. Und plötzlich war Bruckner da.«

Kafkas Kammerliteratur, Kurtágs Kammermusik, große Kunst aus kleinen Zimmern – sie zeigt, auf welche Höhen sich über der Enge des Alltags der Geist erheben kann. Eine Provinzialität von höchstem Rang kennzeichnet die Erzählungen Kafkas ebenso wie die Werke György Kurtágs. Dazu passt, dass beiden, die – wie Kafka – zeitlebens der Beamten- und Kanzleiwelt zu entfliehen suchten oder – wie Kurtág – sie nie kennen lernen mussten, die Attitüde des *épater le bourgeois* ganz und gar fremd ist. Die Kunst muss verstören – ob der Künstler seine Umwelt stört, ist demgegenüber nebensächlich. Mehr noch: Die Korrektheit von Kafkas Kragen und Krawatten, die Schillerkragen-Ordentlichkeit des stets krawattenlosen Kurtág – sie steigern noch das bewundernde Erstaunen über das Außerordentliche ihres künstlerischen Schaffens. Seit der Romantik erwartet das Publikum, dass Künstler, diese notorischen Außenseiter, auch die Regeln der Lebenswelt auf den Kopf stellen. Anarchismus und Avantgarde gehören angeblich zusammen und schließlich gilt im 20. Jahrhundert bereits als Surrealist, wer unklare Gedanken hat und die eigene Handschrift nicht lesen kann. In Wahrheit aber kann auch in der Moderne große Kunst ebenso in den Büros einer Prager Versicherungsanstalt wie im Nebenraum einer Budapester Wohnküche entstehen. Kafka wie Kurtág provozieren in der Substanz, sie protestieren nicht an der Oberfläche. Ihnen fehlt jedes Behagen an der Bohème. Dazu passt ein kleines, aber bezeichnendes Detail: Kafkas wie Kurtágs Handschriften sind lesbar.

Die Kunst und die Lebenswelt sind nicht vollständig voneinander zu trennen. Kafka lebt und schreibt im Dunst des Unglücks und des Scheiterns, er schreibt mit einem ständigen Zittern auf der Stirn, ihm ist, als habe er eine Faust im Mund. Immer bleiben das Denken und das Schreiben schwierig, oft bemerkt er zu seinem Schrecken, wie die Hand leer über das Papier läuft, und selten, ganz selten sind die Augenblicke, in denen Kafka sich wenigstens erträumen kann, einmal auch im Sonnenlicht Geschichten zu schreiben. Die Welt geht verkehrt, die Erde strotzt von Fußfallen, Kafkas Wesen hat einen Namen: Angst.

Von dieser tiefen, früh erfahrenen, nie verlorenen, sich im Laufe eines kurzen Lebens immer mehr steigernden Angst, von dieser Lebens- und Sprachnot ist viel in György Kurtágs *Kafka-Fragmenten* zu spüren. Kurtág hat tiefer in Kafka hineingehört als alle Leser vor ihm. Verantwortlich dafür ist seine Kunst der Einfühlung wie der Ausdeutung, nicht eine innere Wahlverwandtschaft oder eine Ähnlichkeit der Temperamente. Auch wenn er »Lieder der Schwermut und der Trauer« (op. 18) geschrieben hat – György Kurtág ist kein Melancholiker. Wenn etwas schiefgeht, dann brütet er nicht – dann übt er. Kurtág ist auch

Handwerker und er repariert gerne, sein Artistentum besteht in fanatischer Genauigkeit und trügerisch ist die Einfachheit seiner Kompositionen. Stimmungen prägen auch ihn, aber er lässt sich nicht von ihnen überwältigen. Musik muss stimmen bis ins kleinste Detail und bis in jede Pause und György Ligeti bewundert er, weil er so sorgsam komponiert, wie ein Kriminalist Spuren und Indizien sucht.

Es gibt Sätze von Kurtág, die klingen, als habe Franz Kafka sie geschrieben. So die Zusammenfassung des 1. Satzes des Streichquartetts op. 1 von 1959: »Ein Insekt sucht den Weg zum Licht. Den Lichtschein versinnbildlicht der Flageolettakkord [am Schluss], und dazwischen all dieser Schmutz.« Wir haben es bei Kafka wie bei Kurtág mit einer Kunst der höchsten Konzentration zu tun, für die das Fragment, der Aphorismus, das Detail von größter Bedeutung und Folgerichtigkeit sind – wie in den sieben Takten Exposition des eben genannten Quartetts, von einem »Fleckerlteppich« spricht Kurtág, »nicht nur [dem] Ausgangspunkt für diesen einen Satz, sondern für das ganze Quartett und darüber hinaus für ein ganzes Lebenswerk«. Für dieses Lebenswerk sind – in Anlehnung an Bartóks *Mikrokosmos* – Mikroludien bezeichnend, Miniaturen, Miniszenen, Bruchstücke, Fragmente, Aphorismen, Splitter, Capriccios, Bagatellen – kleine Formen allesamt und doch alles andere als Kleinigkeiten. *Officium breve* heißt ein Streichquartett Kurtágs, sein opus 28: es ist der Schlüsselbegriff für sein gesamtes Werk. 1978 trifft György Kurtág in Budapest zum ersten Male Luigi Nono, der ihn fragt, was er mit seiner Musik wolle. Kurtág: »Mit möglichst wenig Tönen so viel als möglich sagen und es so dicht als möglich sagen.« Auf die Frage, was er mit seiner Literatur wolle, hätte Franz Kafka die gleiche Antwort gegeben.

»Der Weg zum Nebenmenschen ist für mich sehr lang«, heißt einer der traurigsten Sätze Franz Kafkas. Er, der sich zeitlebens einsam benahm, hat den Weg zu einem anderen Menschen nie gefunden. Zuletzt ist er daran zerbrochen. Über György Kurtág und seine Musik kann man nicht sprechen, ohne den

›Hauptmenschen‹ zu nennen, der ihn in seinem Leben und seinem Werk begleitet hat: Márta Kurtág. György Kurtág ist – viele haben es gesagt, ich brauche nur zu zitieren – einer der größten Komponisten des 20. Jahrhunderts und Martá Kurtág ist eine große Pianistin unserer Zeit – aber erst, wenn man beide gemeinsam erlebt, im ironischen Zusammenspiel der Jatekók etwa oder in der tief empfundenen Innigkeit ihrer Bach-Transkriptionen, versteht man, wie sehr der künstlerische Zauber dieses Paares darauf beruht, dass hier – um nicht zu intim zu werden, benutze ich die Sprache von *Le Monde* – zwei Menschen »en éternels amoureux« zusammenleben und zusammen arbeiten.

Im Zusammenspiel mit Márta spürt man, wie viel Humor in György Kurtág steckt und wie viel Lebensfreude. Nie haben beide wohl origineller und freudiger geklungen als in jenen ärmlichen und zugleich erwartungsfrohen Nachkriegstagen, als sie in ihrer kargen Budapester Behausung gemeinsam und fast immer auf Deutsch die meisten Mozart-Opern sangen. Das heißt, um präzise zu sein: Márta sang alle Frauenrollen, Ligeti den Tenor und manchmal den Bariton und ein Freund übernahm die Bassrollen – György Kurtág aber, der zugibt, gar nicht anders als falsch singen zu können, blieb auf allgemeinen Wunsch stumm und spielte am Klavier die Orchesterpartien. Kurtág kann sich wie ein Kind freuen, wenn er den Humoristen Bach im Hochzeits-Quodlibet entdeckt, und wir freuen uns über die humoristischen Entdeckungen bei György Kurtág, so in den *Jatekók*, die mit der freundlichsten Pädagogik von der Welt den kindlichen Klavierunterricht parodieren – »Danebenhauen ist erlaubt«, heißt darin eine Spielanweisung. Georg Christoph Lichtenberg hat Kurtág erst in den letzten Jahren in Deutschland kennen gelernt, doch wenn man sein opus 37, *Einige Sätze aus den Sudelbüchern* mit Maria Husmann hört, die hier in Luzern auch die *Kafka-Fragmente* singen wird, kommt es einem so vor, als habe Lichtenberg – der sich seiner Unmusikalität so hartnäckig rühmte wie Franz Kafka – keine Aphorismen, sondern Liedtexte schreiben wollen.

Unaufhörlich scheitern Kafkas Leben und Werk am Mitmenschen. György Kurtágs Lebens- und Schaffenskreis wird von
gelingender Mitmenschlichkeit bestimmt. Viel Trauer ist darin,
ein Epitaph reiht sich in seinen opus-Bezeichnungen an das andere. Zugleich sind fast alle seine Kompositionen Erinnerungs-
und Widmungsstücke. Aus der ungarischen Erstaufführung der
»Mikroludien« für Streichquartett hört Luigi Nono heraus, dass
Kurtág Chöre schreiben solle. Aus dieser Bemerkung entsteht
György Kurtágs erste größere Chor-Komposition: eine »Hom-
mage à Luigi Nono«. Musik wird »Erinnerungsgeräusch« – so
nennt er sein opus 12 aus dem Jahre 1975, die »Sieben Lieder
auf Gedichte von Deszö Tandori für Sopran und Violine«. György Kurtágs Werk besteht aus Widmungen und Gaben, aus
Schenkungen und Aneignungen, es bildet ein Geflecht aus
Freundschaften und Vorbildern, aus Lehrer- und aus Schüler-
beziehungen, in denen sich nicht nur die Musik-, sondern die
Kulturgeschichte der Moderne im 20. Jahrhundert spiegelt.

Und doch ergibt sich aus den zahlreichen Nachahmungen
und Widmungen, aus vielfältigen Zitaten und verzweigten An-
spielungen keine Haltung der Beliebigkeit, kein Gestus, den die
Postmoderne für sich vereinnahmen könnte. György Kurtág ist
immer ganz bei sich, unverkennbar in seiner Strenge der eigenen Person gegenüber und in seinem Ernst, seinem Elan und
seiner nimmermüden Entdeckerfreude. Es gibt bei Kurtág eine
unverwechselbare Färbung seiner Musik, eine nur ihm eigene
Haltung, einen besonderen Ton, die man nach einigem Hören
sofort wiedererkennt und nie mehr vergisst, tinta heisst das bei
Giuseppe Verdi.

Die Frage von Istvan Balázs, die sich jeder Hörer Kurtágs
stellt, wird unbeantwortet bleiben: »Was befähigt ihn, die Authentizität der Töne wiederzugewinnen, wo in der zeitgenös-
sischen Musik schon die meisten Mittel, selbst die neuesten, ab-
genützt und leer klingen? Wie ist es möglich, dass bei ihm ganz
gewöhnliche Intervalle wieder mit Gehalt und Spannung an-
gereichert werden können, dass gewisse Gesten und Melodie-

wendungen wieder wichtig werden?« Oder gibt es doch eine Antwort? Vielleicht heißt sie: Nüchternheit. György Kurtág hat einmal gesagt, seine Muttersprache sei Bartók und dessen Muttersprache wiederum sei Beethoven. Von Beethoven aber heißt es 1811 bei E.T.A. Hoffmann, er sei ein nüchterner Komponist, weil jede seiner Wirkungen aus der Natur des Klanges herrühre. Gleiches gilt für Kurtág.

Nicht nur Nüchternheit aber charakterisiert György Kurtág und seine Musik, sondern zugleich eine Haltung, für die ich nur ein altmodisches deutsches Wort kenne: Lauterkeit. Als lateinische Synonyme zu Lauterkeit werden im Grimmschen Wörterbuch genannt: *serenitas, sinceritas, puritas* und *claritas*. Treffender als mit diesen Begriffen lässt sich nicht zusammenfassen, was die Kunst György Kurtágs in unserer heutigen Zeit bedeutet. György Kurtág hat Lermontov vertont: *Ein Held unserer Zeit.* Ihm selbst ist alles Heldische fremd und fern, aber wir dürfen seine Kunst als Vorbild in einer Zeit feiern, in der das Flüchtige droht, das einzig Beständige zu bleiben. Wir dürfen in György Kurtág, noch einmal zitiere ich einen französischen Kritiker, die Verkörperung einer »humanité en voie de disparition« sehen.

Als Franz Kafka mit Max Brod im Jahre 1911 die Schweiz bereist, da besuchen sie, von Zürich kommend, auch Luzern. Aus seinen Tagebucheintragungen wird deutlich, wie sehr Kafka selbst hier, an diesem heiteren Ort, nicht von seiner Angst und seinen Obsessionen loskam. Unheil drohte allenthalben: »Lächerliche Empfangsdame im Hotel, lachendes Mädchen führt immerfort weiter hinauf ins Zimmer, ernstes, rotwangiges Stubenmädchen. Kleines Treppenhaus. Versperrter eingemauerter Kasten im Zimmer. Froh, aus dem Zimmer heraus zu sein. Hätte gern Obst genachtmahlt. […] Zwei ältere Frauen und ein Herr sprechen über das Altern. […] Wirkliche Sehenswürdigkeiten sind hässlich zu beschreiben. […] Wut über alles. […] Luzern am Morgen. Schlechteres Aussehen des Hotels. Ehepaar liest Briefe von zu Hause mit Zeitungsausschnitten über Cholera in

Italien. [...] Schwarze Frau, ernst, scharfer Mundanfang [...] sitzt in der Halle.«

In diesen Luzerner Widrigkeiten, neunzig Jahre ist es her, spiegelt sich die bedrückende Welt des Herrn K. Heute, bei den Luzerner Musikfestwochen des Jahres 2000, sind die Widrigkeiten verschwunden und der Gegenstand unserer Bewunderung ist ein anderer Herr K., und so ernst er auch ist, an seiner Kunst dürfen wir uns freuen. Auch ist er nicht anonym, sondern hat einen Namen: György Kurtág.

XIII. Numerus Clausus
Rede auf Imre Kertész

Ich habe niemals Literatur über Konzentrationslager lesen können, und ich weiß, dass es überhaupt keine Literatur gibt, die das schildern kann«, sagte ein Überlebender und fuhr, in einer am 19. April 1953, dem zehnten Jahrestag der Vernichtung des Warschauer Ghettos, gehaltenen Rede fort: »Ich werde bis zum Ende meines Lebens die Schreie in der Nacht, die Schreie meiner zu Tode geschlagenen Kameraden niemals vergessen. Und weil ich sie niemals vergessen werde, so habe ich mir, wie alle anderen, die das erlebt haben, geschworen: Wir müssen unser ganzes Leben [dieser] der Aufgabe widmen, dieses für alle Zukunft unmöglich zu machen.«

Dies sagte Ernst Reuter, ein deutscher Patriot, der mit aufrechtem Pathos sprechen und handeln durfte wie nach ihm nur noch Willy Brandt, der mit seinem unvergessenen Kniefall in Warschau half, unser Land wiederaufzurichten.

Daran erinnern wir uns heute – dem Tag, da Imre Kertész die Ernst-Reuter-Plakette verliehen wird.

Imre Kertész ist zum Autor bedeutender Bücher geworden und ist für uns der Autor eines bestürzenden Buches geblieben.

Am 9. Mai 1973 beenden Sie den *Roman eines Schicksallosen*, den autobiographischen Bericht eines fünfzehnjährigen jüdischen Jungen aus Budapest, der zuerst nach Auschwitz und dann nach Buchenwald deportiert wird. Am Ende war es, ich zitiere Sie, »als schriebe sich der Roman vollkommen von selbst, als säße ich nur da, damit ihn wenigstens jemand beaufsichtigt«. Zum Aufseher aber, lieber Herr Kertész, sind Sie nur bedingt geeignet, denn fast gegen Ihren Willen gelingt es Ihrem Roman, sich genau am 9. Mai zu vollenden – dem eigentlichen Jahrestag der

Kapitulation des Großdeutschen Reiches. Auch wenn Sie schreiben, das habe »ganz und gar nichts« zu bedeuten: Wir, Ihre Leser, können uns der Symbolkraft dieses Zufalls nicht entziehen.

Das Werk von Imre Kertész ähnelt einem Palimpsest. Welches Buch wir auch immer von ihm lesen – wir entdecken darunter ein anderes Buch: den *Roman eines Schicksallosen.* Stand früher am Rand unserer Schulhefte in vorwurfsvollem Lehrer-Rot mehrfach das mit einem Ausrufezeichen versehene Kürzel »Wdh!« – so wussten wir, dass der Aufsatz misslungen und an seinem Ende die schlechte Note unausweichlich war. »Wdh!«, das heißt »Wiederholung« – und unsichtbar steht dieses Kürzel am Rand jeder Seite, die Imre Kertész geschrieben hat – und drückt doch, ganz anders als in unseren Schulheften und gerechter als jede Note es vermöchte, den Rang und das unwahrscheinliche Gelingen seines Werkes aus.

Wiederholung ist der Schlüsselbegriff zum Werk von Imre Kertész.

Sie haben einmal geschrieben, bei den großen Philosophen interessierten Sie vor allem die Nebensätze. Von Sören Kierkegaard, einem Ihrer literarisch-philosophischen Kronzeugen, darf man aber auch Hauptsätze zitieren. Am Anfang seiner gleichnamigen Schrift schreibt Kierkegaard, *Wiederholung* sei der entscheidende Ausdruck für das, was bei den Griechen ›Erinnerung‹ hieß. Und dann fährt er fort: »Wiederholung und Erinnerung sind dieselbe Bewegung, nur in entgegengesetzter Richtung. Denn was da erinnert wird, ist gewesen, wird nach rückwärts wiederholt, wohingegen die eigentliche Wiederholung nach vorwärts erinnert. Deshalb macht die Wiederholung, wenn sie möglich ist, einen Menschen glücklich, während die Erinnerung ihn unglücklich macht, allerdings unter der Voraussetzung, dass er sich Zeit lässt zu leben und nicht sofort in seiner Geburtsstunde einen Vorwand sucht, sich wieder aus dem Leben herauszuschleichen ...« Kierkegaard bezeichnete seine Schrift *Die Wiederholung* als einen »Versuch in der experimentierenden Psychologie« – und so können wir auch das Werk von Imre Kertész lesen, als einen nicht enden könnenden, immer aufs Neue schmerzenden, provozierenden Selbstversuch.

Provozierend ist die Weigerung von Imre Kertész, die Rolle des Moralisten einzunehmen; entschieden distanziert er sich von einer Haltung, die er als »romantischen Pessimismus« bezeichnet.

»Er weist die Welt ab«, so beschreiben Sie diesen Pessimismus, »flüstert uns dabei aber seine Geheimnisse ins Ohr. Wie der Gelegenheitsschwindler erschleicht er sich unsere knausrig versteckte Sympathie. Seiner unterschwelligen Tendenz nach ist dieser Pessimismus nämlich Klage, Ergebenheit und Flehen. In den schlimmsten Formen ein verhülltes Appellieren an den ›nüchternen Verstand‹. Dieser Appell an die triumphierende Welt findet immer Gehör. Ergebnis: ein sentimentales Sichumarmen, der Henker verzeiht dem Opfer.«

Sie geben uns etwas zu beißen, Imre Kertész. *Der Henker verzeiht dem Opfer*: Das ist der harte Kern der deutschen Wiedergutmachungsrhetorik, das ist der trübe Teil unserer Erinnerungsunkultur.

Ihnen kann man nichts vormachen – Sie sind Zeitzeuge. Die deutschen Amateurhistoriker beispielsweise, die mit Albert Speer – beeindruckt von dessen gepflegten Manieren – den Typus des Gentleman-Nazis erfunden haben, hätten Imre Kertész lesen sollen. Sie brachten schon vor Jahrzehnten die zynische Attitüde dieses bis zur letzten Minute Hitler-Getreuen, der ohne Auschwitz an die Verwirklichung seiner Architektur-Monstren noch nicht einmal hätte denken können, auf die entlarvende Formel: »Man hätte den nationalsozialistischen Krieg ohne die Nationalsozialisten viel besser führen und beenden können.«

Sie sind kein *moralisierender* Künstler, schreiben Sie im *Galeerentagebuch* – aber *Künstler* sind Sie. Das heißt, Sie reagieren auch auf eine unerhörte ethische Herausforderung – ästhetisch. Jeden Kompromiss lehnen Sie ab – und jedes, fast jedes Paradox akzeptieren Sie! Am Beginn Ihrer schriftstellerischen Tätigkeit geben Sie sich selbst den entscheidenden Rat: »Aufpassen also, nach einer geschlossenen Form streben, den Inhalt gleichsam hinter eine Glasscheibe stecken, gut sichtbar, aber unantastbar.« Sie haben diesen Rat befolgt und ein Wunder wurde daraus: der *Roman eines Schicksallosen*. Was immer wir von Ihnen lesen: Dieses Wunder ist stets gegenwärtig, gut sichtbar, aber unantastbar. Sie haben, wie Ihre Freunde Martá und György Kurtág es ausdrückten, »eine Sprache für etwas gefunden, was sprachlos macht«.

Sie widersetzen sich dem Totalitären auf eine humane, einzig dem Menschen mögliche Weise: ästhetisch. Ihr Widerstand ist Ihre Kunst. Sie appellieren nicht an die Haltungen anderer und erlassen keine Gesinnungsvorschriften: Sie suchen nach der »geschlossenen Form«. Das Konstruktionsprinzip Ihres Romans vergleichen Sie mit der Zwölftontechnik: Atonalität und dabei strengste Ordnung – das sind die Leitideen. Das Wort STRUKTUR schreiben Sie in Großbuchstaben. Auch für den Überlebenden von Auschwitz entscheidet darüber, was zu schreiben möglich ist und was nicht, weder die Erinnerung noch die moralische Absicht, sondern einzig und allein, dies sind Ihre Worte, »die Eigengesetzlichkeit der Sprache«. Die Folge ist kein Ästhetizismus, der den Leser kalt lässt, sondern ein bewegendes Dokument gefährdeter Menschlichkeit. Erst als die *Formung* Ihres Romans gelungen war, wagten Sie es sich selbst gegenüber, den erschreckenden Satz zu schreiben: »Für mich ist Auschwitz eine Gnade.«

Zum *Roman eines Schicksallosen* gehört die Geschichte seiner Rezeption, besser: seiner Nicht-Rezeption. Davon handelt Ihr Roman *Fiasko*. Es heißt, der *Roman eines Schicksallosen* sei lange verkannt worden. Aber das Gegenteil ist wahr: Daran, dass es so schwer, ja fast unmöglich war, Ihr Werk unter kommunistischer Zensur zu veröffentlichen, zeigte sich sofort sein Rang. Die ungarischen Zensoren müssen über eine beeindruckende literarische Sensibilität verfügt haben: Sie spürten, dass in diesem Manuskript auch von ihnen selber die Rede war. Nichts aber wäre falscher, daraus zu schließen, das Werk von Imre Kertész

sei eine Abrechnung mit dem Totalitarismus. Eine solche Abrechnung ist es nur im Sinne einer Abwehr des Totalitären, sie ist es
ganz und gar nicht im Sinne eines Vergleichs des Unvergleichbaren.

Lieber Herr Kertész – zu dumm, Ungarisch zu verstehen,
können wir Ihren Rang als Übersetzer, von dem Ihre ungarischen Freunde schwärmen, nur erahnen. Es bleibt mir auch
keine Zeit, Sie als ironischen Chronisten des real existierenden
Sozialismus vorzustellen. Für ihn finden Sie eine in ihrer Banalität ziemlich böse Formel. Der Sozialismus – das war für Sie eine
»Wüste aussichtsloser Alltage«. Man wird an Jacob Burckhardt
erinnert, der einmal schrieb, in der künftigen Gesellschaftsordnung der Gleichmacherei werde man sich vorkommen wie an
einem Sonntag, an dem es regnet und man weiß, dass man am
Nachmittag zur Beichte in die Kirche muss. Den von Ihnen so
genannten »provinziellen Elendspatriotismus« der DDR rufen
Sie mit einer einzigen Episode in lebendige Erinnerung zurück.
Nachdem Sie zwei Stunden lang im ersten deutschen Staat der
Arbeiter und Bauern geduldig Schlange gestanden haben, für
ein paar Schrippen und etwas Aufschnitt, packen Sie zu Hause
Ihre Schätze aus und können endlich lesen, was auf der groben
Papiertüte steht: »Freude am Einkauf«.

Lieber Herr Kertész: Zu den Paradoxa Ihres Lebens gehört,
dass Sie sich zu Hause fremd und in der Fremde heimisch
fühlen. Dass Sie und Ihre Frau Magda in Berlin wohnen, erfüllt uns mit Freude. Ihre Sympathie für Deutschland und die
deutsche Sprache ist groß, und nicht ohne Bewegung lesen wir
Ihr Bekenntnis, erst in Deutschland seien Sie zum Schriftsteller
geworden. Goethe bewundern Sie, weil er es verstand, einer
unproduktiven Gegenwart auf produktive Weise den Rücken
zu kehren. Sie zitieren *Dichtung und Wahrheit* mit der Schilderung
des Dichters von seiner eigenen Geburt: »Die Konstellation war
glücklich; die Sonne stand im Zeichen der Jungfrau und kulminierte für den Tag; Jupiter und Venus blickten sie freundlich an,
Merkur nicht widerwärtig ...«

Das klingt — geschrieben vom Verfasser des *Märchens* — märchenhaft. Ihr eigenes Lieblingsmärchen aber ist Andersens Geschichte vom hässlichen Entlein — und so setzen Sie dem astrologischen Glanz des 28. August 1749 als Kontrast die fatalen Begleitumstände des 9. November 1929, Ihres Geburtstages, entgegen: »Als ich zur Welt kam, stand die Sonne im Zeichen der größten Weltwirtschaftskrise aller Zeiten, von sämtlichen aufragenden Punkten des Erdenrunds... stürzten sich die Menschen Hals über Kopf ins Wasser, in den Abgrund, auf das Straßenpflaster, wie es gerade kam; ein Parteiführer namens Adolf Hitler blickte mir mit schrecklich unfreundlichem Gesicht aus den Seiten seines Buches ›Mein Kampf‹ entgegen, und das *Numerus Clausus* genannte erste ungarische Judengesetz stand als Zeichen im Zenit meiner Konstellation, bevor die übrigen hätten Platz nehmen können.«

Sie sind an einem 9. November geboren — dem Datum der ersten Pogrome in Nazi-Deutschland. In Ihrer Nobelpreisrede zitieren Sie die Tagesmeldung über den Häftlingsbestand des Konzentrationslagers Buchenwald vom 18. Februar 1945. Darin ist unter der Rubrik »Abgänge« vom Tod des Häftlings 64 921 die Rede. Das waren — angeblich — Sie, der Fabrikarbeiter Imre Kertész. »Einmal bin ich also schon gestorben«, haben Sie in Stockholm gesagt, »Einmal bin ich also schon gestorben, um leben zu dürfen — und vielleicht ist dies meine wahre Geschichte.« Sie haben Ihre Geschichte in Büchern beschrieben, die nicht nur uns, sondern auch unsere Kinder bewegen. Der 9. November ist auch das Datum der deutschen Wiedervereinigung, in dem sich für uns das friedliche Zusammenwachsen Europas symbolisiert. Zum Glück ist Ihnen dabei, wie Sie selbst schreiben, nach 1989 erspart geblieben, »ein netter, tüchtiger, westlicher Intellektueller zu werden.«

Nicht immer aber haben Sie — ich kann es nicht verschweigen — recht behalten.

Von Karl Gutzkow stammt die Beobachtung, um unsterblich zu werden, müsse man einmal im Leben einen großen Irrtum begangen haben. 1986 schreiben Sie: »Ich werde immer ein zweitrangiger, verkannter und missverstandener ungarischer Schriftsteller sein …«

Lieber Herr Kertész – Wir haben Sie, was Ihren Lebenslauf angeht, bei einem Irrtum ertappt. Sie haben nicht Ihre eigene Vergangenheit vor sich selbst verborgen; Sie haben sich – in der Erinnerung nach vorwärts – in Ihrem Rang und in Ihrer Wirksamkeit geirrt.

Auch deshalb haben Sie die Ernst-Reuter-Plakette verdient.

XIV. Aufschlag wie kein anderer
Mein Doppelpartner Peter Wapnewski

Leicht ist es, die *laudationes* vorauszuahnen, die am 7. September 1997 zu Ehren Peter Wapnewskis in allen deutschen Gazetten zu finden sein werden: Beeindruckend ohne Ausnahme und originell in Wortwahl und Satzbau, voll freundschaftlicher Gesinnung und erfüllt von höchstem Respekt. Von Wort zu Wort, von Satz zu Satz, von Abschnitt zu Abschnitt werden diese Preisungen versuchen, in Gehalt und Form ihrem Gegenstand nahe und immer näher zu kommen – und werden in jedem Fall unübersehbar ein Beweis des mathematischen Lehrsatzes sein, dass die melancholischste aller Kurven die Asymptote ist.

Der Schar der Scheiternden schließe ich mich an – vergnügt darüber, einem Freund und Kollegen auch öffentlich zu seinem Geburtstag gratulieren zu dürfen und zugleich im Bewußtsein, dass diesem »großen, wenngleich schwierig zu fassenden Lehrmeister« niemand wirklich gerecht werden kann. Niemand kann zugleich dem Mediävisten gerecht werden, der durch philologische Leidenschaft und Strenge deutend und lesend die Dichtungen des Mittelalters als Zeugnisse auch für unsere Zeit bewahrt hat, dem Wagner-Interpreten, der das Werk Richard Wagners kennt wie kein zweiter, ohne sich zu ihm zu bekennen wie so viele, dem Redner, in dessen Gegenwart das Zuhören sich lohnt und die Replik verbietet. Zum siebzigsten Geburtstag Peter Huchels schrieb Peter Wapnewski über den Dichter, »dass er ein Eigener immer in ganz besonders eigentümlichem Maße gewesen ist«. Dies gilt auch für ihn selbst, ein *rarissimum*, einen deutschen Causeur, bei dem die Intelligenz schon im Tonfall und die Pointe auch in der Pause liegt. Wer Peter Wapnewski hört, macht eine eigentümliche Erfahrung: Man kann keines seiner Worte vergessen und keinen seiner Sätze wiederholen.

Wer aber zu feierlichem Anlass bei Peter Wapnewski nur an Walther von der Vogelweide, Wagner und Wotan denkt, der verkennt ihn, der weiß nicht, wie sehr gerade die unschuldigen Vergnügen, die *plaisirs innocents*, in seinem Leben und auch in seinem Werk ihre Rolle spielen. Es finden sich in Deutschland nicht viele Gelehrte seines Ranges, die Fritz Walter von Fritz Walter, einen Stutzen von einem Stutzer und einen *hat-trick* von einem Hackentrick zu unterscheiden wissen.

Es gibt in der Welt des Geistes eine dunkle und eine helle Kompetenz. Dunkle Kompetenz drückt nieder, hat darum aber auch etwas Beruhigendes an sich. Sie hält den Bewunderer bewahrend auf Distanz, sie schützt ihn vor sich selbst. Helle Kompetenz dagegen beflügelt, weckt Illusionen in dem, der staunt und sofort mittun möchte. Der Fall ist dann umso fürchterlicher. Peter Wapnewski ist der Inbegriff heller Kompetenz. Die Folgen für seine Umgebung sind fatal. Wer so unvorsichtig ist, ihm irgendetwas nachtun zu wollen, wird – »Schwarzes, schwieliges Schwefelgezwerg« – unter unschönen Begleitumständen jäh zu Boden gestreckt und verfällt dem *morbus Alberich*, der bekanntlich unheilbar ist: »Schwer ward mir, was so leicht Du erschwingst« steht unauslöschlich auf dem Krankenblatt.

Einst erwischte der erstaunte Gründungsrektor des Wissenschaftskollegs seinen präsumptiven Nachfolger, wie der es sich öffentlich in einfacher Gesellschaft wohl sein ließ, wobei weder seine nachlässige Kleidung noch die beiläufige Wortwahl den Standards entsprachen, die von Anbeginn in der Wallotstraße galten. Mit der ihm eigenen Höflichkeit unterstellte der Kolleg-Gründer eine soziale Zwangssituation: »Ich bedaure aufrichtig, dass Sie – wie ich vermute, aus dienstlichen Gründen – in die Lage versetzt wurden, sich derart aufzuführen!« Die leise Antwort des Nachfolgers – ich hörte sie so deutlich, als käme sie aus meinem eigenen Mund – beschreibt unser aller Dilemma: »Durchaus nicht! Sie sehen mich momentan auf meiner natürlichen Höhe! Auf Ihr Niveau, verehrter Herr Wapnewski, begebe ich mich in der Regel durch Klimmzüge!«

Über der Eingangstür eines englischen College las ich einmal: »Your courage should be limited to certain topics.« Auch im Lob Peter Wapnewskis sollte man vorsichtig sein. Ich konzentriere mich auf zwei Stichworte: »Form nach Innen« und »Gelingende Institutionalisierung«.

Formen sind für Peter Wapnewski von vorrangigem Interesse. Mit Formalismus hat dies nichts zu tun und mit Äußerlichkeiten schon gar nichts: Es geht darum, was die Anthropologen auf der Verhaltensebene »Innenstabilisierung durch Außenstabilisierung« nennen, also die paradoxe Verankerung inhaltlicher Überzeugungen an der Oberfläche. »Le style est l'homme même« – der Satz aus Buffons Akademierede von 1753 könnte auch Peter Wapnewskis Motto sein. Buffon zog sich zum Schreiben weiß und reinlich an, mäkelte der nachlässige Jean Paul in seiner Rollwenzelei, aber sein Spott ging fehl. Wenn er Manschetten und Prunkrock anlegte, repräsentierte der Graf damit eben nicht nach außen, sondern demonstrierte in der Einsamkeit seines Arbeitsturmes Achtung und Disziplin gegenüber einem Gegenstand, der nur schwer in Façon zu bringen war: die ganze Natur.

Form nach innen bedeutet strenge Disziplinierung, Sozialverhalten auch in Einsamkeit, Begeisterung ist zugelassen, aber keinesfalls Schwärmerei. Peter Wapnewski ist der Mann großer öffentlicher Wirkung, aber zugleich ein Genie des Privaten, Rhetor, aber sorgsamer Autor auch noch da, wo – beinahe – nur er selbst sein Leser ist. Überragend ist der Stilist Peter Wapnewski nicht zuletzt in seinen Briefen und vielleicht – aber hier kann ich nur Vermutungen äußern – in seinem mit unerbittlicher Regelmäßigkeit geführten Tagebuch. Höchsten Genuß bereiten diejenigen seiner Äußerungen, die – mit feiner und auffällig lesbarer Schrift geschrieben – nicht zur Publikation bestimmt sind: seine Aktennotizen. Ich zitiere, ohne ihren Gegenstand preiszugeben, eine solche Notiz aus der Frühzeit des Wissenschaftskollegs:

»Festvortrag zur Eröffnung des Institutes: Herr D. bedauerte ebenso aufrichtig wie entschieden. Keiner der ihm vorgeschlagenen Termine war für ihn auch nur diskutabel. Er fügte hinzu, dass er – nicht zuletzt einer Filmarbeit bei der BBC wegen – im Oktober wie im November derartig ausgebucht sei, daß er uns beim besten Willen keinerlei Hoffnung machen könne. – Ich bedauerte das angemessen.«

Form nach innen, Eleganz auch und gerade im Verborgenen, private Ironie – es sind Haltungen, die idiosynkratisch wirken und die in Wahrheit doch den erfolgreichen Institutionenbildner ausmachen. Das zweite Stichwort also: »Gelingende Institutionalisierung«:

Die Wissenschaftsgeschichte ist heute in der Regel an Fächern, nicht an Personen, an Werken, nicht an Autoren, an Theorien, nicht an Temperamenten interessiert. Aber man verkennt die Wirklichkeit von Institutionen, wenn man die Rolle der Individuen unterschätzt, die sie prägen. In Deutschland zumal krankt die Gründung von Institutionen meist daran, dass das Hauptaugenmerk Prinzipien und vorschriftentreuen Programmen gilt. Blueprint heißt der technische Ausdruck, und die trüben Folgen solch ahnungsloser Blaupausigkeit zeigen sich in der Regel schnell.

Im Falle des Wissenschaftskollegs riskierten die Institutionengründer, Peter Glotz vor allem, viel und gingen zugleich auf Nummer Sicher, als sie der Überzeugung Arnold Gehlens folgten, dass eine Persönlichkeit bereits eine Institution in einem Fall ist. Peter Wapnewski, den die ursprüngliche Idee des Wissenschaftskollegs aus den gleichen Gründen angelockt haben mag wie einst Hugo von Hofmannsthal der George-Kreis – »Exklusivität und das Fehlen jedes Programms« –, prägte eine Institution aus seinem Formwillen und Stilgefühl heraus. Die einmal erworbene Originalität des Kollegs machte dann später die notwendigen Veränderungen leicht: Nur persönlichkeitsgeprägte Institutionen provozieren jene Veränderungslust, die sie lebendig erhält.

Hinzu kam jene Fortüne, die nichts mit Zufall und Beliebigkeit zu tun hat, sondern, wie eben die *fortuna*, auf *virtus* beruht, deren Voraussetzungen also Wissen und Einsicht, Mut und
Urteilskraft sind. Mit der Gründung des Wissenschaftskollegs
verbanden sich auch wissenschaftsmoralische Ziele: In Berlin
sollten geistige Verbindungen wieder geknüpft werden, die
durch die Vernichtung und Vertreibung jüdischer, deutscher
Wissenschaftler in der Nazizeit abgebrochen worden waren. Es
war daher ein Glücksfall, nicht ein Zufall, daß Peter Wapnewski es gelang, im Gründungsjahr als den Ersten seiner Fellows
Gershom Scholem ans Kolleg zu berufen, an dessen hundertsten Geburtstag wir uns in diesem Jahr erinnern.

Und welch Weitblick, im Gründungsjahr nicht weniger als
vier der achtzehn Fellows aus Polen einzuladen – Gelehrte von
jenseits der Oder-Neiße-Grenze, die damals noch die DDR von
Polen trennte und die doch nur 80 Kilometer von der Wallotstraße entfernt lag! Wann wäre, wo wäre die Absurdität der europäischen Teilung und ihrer fatalen Folgen deutlicher geworden als in jenem frühen Jahr am Wissenschaftskolleg, da drei
ungarische Fellows, die sich nirgendwo anders hätten treffen
können, in der Wallotstraße zu Nachbarn wurden! Ihre Hei-
matadressen hießen: *Am Rande der Nomenklatura, Langer Ausweg ins Exil,
Protest und innere Emigration.* Die letzte Adresse gehörte György Kon-
rád – und jetzt ist er als Präsident der Akademie der Künste in
unserer Stadt zurückgekehrt. In einer Zeit, da die östliche Drei-
Staaten-Theorie Westberlin als ein exotisches Eiland unter politische und geistige Quarantäne zu stellen versuchte, gelang es
Peter Wapnewski – unterstützt von der administrativen Phantasie und Intelligenz Joachim Nettelbecks – im Wissenschaftskolleg die Klammerfunktion deutlich zu machen, die diese große
Stadt, die östlichste Metropole West-, die westlichste Metropole
Mittel- und Osteuropas, unter normalen Bedingungen erfüllen
sollte.

Und wie selbstverständlich zählten zu den ersten Fellows
des Wissenschaftskollegs bereits bedeutende und vieles verspre-

chende Künstler, Schriftsteller und Musiker. Die Vertreibung der Künste aus den Wissenschaften, die in der Epoche der Spätaufklärung einsetzt, hat Peter Wapnewski am Wissenschaftskolleg zu korrigieren gesucht, den starken Reflexionsschub nutzend, der in unserem Jahrhundert die Künste wieder berechnender und die Wissenschaften wieder künstlicher macht. Anregend, provozierend, fragend hat er die Künste und die Wissenschaften miteinander ins Gespräch gebracht.

Oft habe ich, mal rechts, meist links, neben Peter Wapnewski gebangt; ich habe bewundert, wie überraschend er, aus dem Stand, angeben kann, wie er den kleinsten Raum nutzt, schlagfertig die Stellung hält und schneidend den Gefährten wie den Gegner narrt. Ich habe miterlebt, wie er – der Mann des Wortes, nicht der Ziffern – selbst die Punkte zu zählen begann, wenn nur so das Schicksal sich noch wenden ließ, und wie er stets rechtzeitig zurücktrat, um dem Partner die Gelegenheit zu geben, den Punkt zu machen. Oft habe ich, im Doppel, mit Peter Wapnewski – kein Aufschlag war wie der andere – Tischtennis gespielt. Und nichts gibt den aus Skepsis geformten Geist gelassener Großzügigkeit, den Ernst und Spiel Peter Wapnewskis prägen, besser wider als der Satz eines tischtennisspielenden DDR-Lyrikers: »Gute Bälle des Gegners beklatscht er. Eigene erklärt er.«

Damit sind wir ins Zentrum der Weltsicht von Peter Wapnewski vorgedrungen. Fünf Jahre vor der Gründung des Wissenschaftskollegs hat er, im Juni 1976, seinen Schlüsseltext geschrieben, ein paar Seiten nur, Gedanken zu *Montauk* von Max Frisch. Kern der Rezension ist ein Vorwurf, furchtbar und inhaltsschwer, und selbst dem nachsichtigen, dem in innerster Seele freundschaftlich gesonnenen Rezensenten gelingt es nicht, die Entrüstung über diesen einen Fünf-Wörter-Satz von Max Frisch abzumildern, der die erkenntnismäßigen wie die erzählerisch-moralischen Grenzen des großen Schweizer Autors schonungslos aufzeigt. Der Satz heißt: »Ein Ping-Pong-Tisch ist auch da.«

»Schöne Unbefangenheit«, so nennt, wenigstens am Anfang, Peter Wapnewski dieses Begriffssakrileg, doch dann folgt, wie nicht anders möglich, der verdammende Spruch: »Kein rechter Tischtennisspieler wird ihm – Max Frisch – diese verniedlichende Bezeichnung je verzeihen«, und nornenhaft, in wuchtiger Coda, endet der Fluch: »Soll er auch nicht.« Doch der Autor ist noch nicht am Ende, denn höchst ernsthaft und traurig fährt er fort, immer mehr mit sich selbst, immer weniger zu Max Frisch oder seinen Lesern sprechend: »Ping-Pong, leichtgewichtiger, beiläufiger kann die Probe nicht herausgefordert werden auf das Bestehen der älteren Generation vor der jüngeren. Ein Spiel des Vertrauens: nicht auf den anderen, sondern auf sich. Vertrauen nur vordergründig auf das Gewinnen-Können. In Wahrheit geht es um das Vertrauen, das Nicht-Gewinnen zu ertragen.« Das Vertrauen, das Nicht-Gewinnen zu ertragen – ein tiefer, ein trauriger und großer Satz, die einzige Weise, das Scheitern, es vorwegnehmend, zu überwinden. Ein großer Satz – und Sieg.

Zärtlich liebt Peter Wapnewski seine Vorurteile und schon frühmorgens ist er zu reizender Bosheit fähig. Er ist das Gegenteil eines Langweilers. Heute besteht besonderer Anlaß, nicht zu vergessen, dass Peter Wapnewskis Haltung und Stilwille aus Skepsis erwachsen und dass seine Ironie keine Marotte ist, sondern bittere Notwendigkeit – im Sinne der Bemerkung Alexander von Humboldts, daß die Naivität in einem ganz unnaiven Zeitalter notwendig zur Ironie wird. Peter Wapnewski, dem traurigen Gott so nahe, ist Ironiker nicht ohne Grund. Wer das Glück hat, ihn länger zu kennen, weiß, wie naiv dieser Spötter sein kann und daß auch ihn nach jener vergangenen Welt verlangt, »für die die Menschen nicht einfach und still genug gewesen sind«.

Geburtstage mögen etwas Schlimmes haben, wie Theodor Fontane schrieb. Dieser Geburtstag hat etwas Gutes. Am 7. September 1922 wurde Peter Wapnewski in Kiel geboren. Wir wollen ihn feiern und uns zu ihm gratulieren.

XV. Vorgebliches Phlegma als Lebensform:
Norbert Miller

S ie werden aus meinem Munde die herrschende, näm- lich meine Lehre nicht hören.« Als er am 16. Oktober 1985 in die Deutsche Akademie für Sprache und Dichtung auf- genommen wurde, beendete Norbert Miller mit diesen Worten seinen »Dank an Darmstadt«. Siebzehn Jahre später werden Sie, meine Damen und Herren, aus meinem Munde die herrschende, nämlich *seine* Lehre, auch nicht hören – dass dazu andere beru- fen sind, haben meine Vorredner gezeigt.

Dafür kenne ich, wie kaum ein anderer, Norbert Millers Profil, denn seit Jahren sitze ich – wenn es geht, einmal in der Woche – im Kino rechts von ihm, in lehrreicher Nähe also, und nur unwesentlich getrennt sind wir entweder durch seine oder durch meine Frau. Uns verbindet die Abneigung gegen alle Streifen, die sich bereits als Kunst aufspielen, bevor wir sie ge- sehen haben, der Abscheu vor Rückblenden, die Bevorzugung einer anständigen Rauferei gegenüber einer andächtigen Bot- schaft, die prinzipielle Bereitschaft, jeden Film zu schätzen, in dem Bruce Willis oder Julia Roberts mitspielen, und das unver- brüchliche Credo, dass man ein Kino zu betreten hat, wenn es im Saal noch hell und die Leinwand noch dunkel ist.

Für uns ähnelt das Ins-Kino-Gehen im Quartett jenem so unglaublich erfolgreichen Illusionsprojekt aus der Zeit Horace Walpoles, das den Titel trug »A company for carrying on an undertaking of great advantage, but nobody to know what it is«. Ist ein Film schlecht, gehen wir. Meist bleiben wir sitzen.

»Beharrliche Sesshaftigkeit« hat Norbert Miller der Wande- rer in der Darmstädter Dankesrede als seinen hervorstechenden Charakterzug genannt. Neben ihm sitzend, habe ich im Kino, also im wahren Leben, diesen Charakterzug besonders schätzen gelernt. Im Alltag sind wir gewohnt, Sesshaftigkeit mit »Phlegma« zu verbinden. Norbert Miller nutzt diese Assoziation und wird nicht müde, uns einreden zu wollen, er gehöre in die langweiligste aller Temperamentsklassen. Sein Leben nennt er »annehmlich ereignislos«, den »mäandernden Berufswegen« des Beamtenvaters sei er, heute noch ein passiver Kindskopf, nur nachgetrottet, Unverbindlichkeit werde – so behauptet er – bei ihm durch Beharrlichkeit noch gesteigert, Beharrlichkeit durch Unverbindlichkeit ziellos gemacht, und hinreichenden Lebens- gewinn ziehe der Philosoph vom Schlachtensee aus dem sich selbst gegebenen Versprechen, die Welt auf keinen Fall zu ver- ändern. Dies ist seine erste und einzige Feuerbach-These. Und die Welt weiß das kühne Versprechen zu honorieren: Erleichtert kann das neue Akademiemitglied 1985 berichten, dass sein Leben bisher »ohne Signifikanz für den Weltgang« verlaufen sei.

Gratulieren wir heute also tatsächlich einem Phlegmati- ker? Wir sollten in der Zuschreibung des Phlegmas nicht nur den selbstkritischen Unterton heraushören. Für Norbert Millers Eigenbild spricht die anthropologische Systematik. Denn wer wird den Altbayern Norbert Miller ernstlich als Sanguiniker be- zeichnen wollen, von dem der preußische Temperamentslehrer Kant sagte, dass er ehrlicherweise verspricht, aber nicht Wort hält? Wer wird ihn als Schwerblütigen abtun, der misstrauisch und bedenklich, dadurch aber auch für den Frohsinn unemp- fänglich ist? An Norbert Miller schließlich als einen Choleriker zu denken, ist vollends abwegig, wenn man sich daran erinnert, wie Kant in seiner *Anthropologie in pragmatischer Hinsicht* den Cho- leriker charakterisiert: »Er ist geschäftig, aber unterzieht sich selbst ungern den Geschäften, eben darum weil er es nicht an- haltend ist, und macht also gern den bloßen Befehlshaber, der sie leitet, aber nicht selbst ausführen will.«

Norbert Miller ist also weder Sanguiniker noch Melancho- liker oder Choleriker. Bleibt nur der Phlegmatiker. Hören Sie dazu noch einmal Kant: »Phlegma, als Stärke, ist [...] die Ei- genschaft: nicht leicht oder rasch, aber, wenngleich langsam,

doch anhaltend bewegt zu werden. Der, welcher eine gute
Dosis von Phlegma in seiner Mischung hat, wird langsam warm,
aber er behält die Wärme länger. [...] Man nennt ihn auch oft
durchtrieben; denn alle auf ihn losgeschnellte Ballisten und
Katapulten prallen von ihm als einem Wollsack ab. Er ist ein
verträglicher Ehemann und weiß sich die Herrschaft über Frau
und Verwandte zu verschaffen, indessen dass er scheint allen
zu Willen zu sein [...].« Als Wollsack wollen wir Norbert Miller nicht bezeichnen, die Angemessenheit der letzten Aussage
freilich können bei diesem *homme à quatre femmes* nur Gaby Miller
und die drei Töchter bestätigen oder in Frage stellen.

Neben dem Melancholiker ist der Phlegmatiker das Temperament, das sich am stärksten durch Selbstzuschreibungen
kennzeichnet. Gerade deshalb kann der Außenstehende sich
leicht in ihm täuschen. Die anscheinende Ruhe des Phlegma-
tikers ist im Falle Norbert Millers nichts als die Unruhe, die er
kunstvoll im Zaume hält. Die bemühte Nervosität, die er uns in
Schlüsselsituationen preiszugeben versucht, ist die Gelassenheit,
der er nicht erlaubt, sich aufzuspielen. Gerade als Phlegmatiker
hätte Norbert Miller – dies waren zwei Berufsträume seiner Jugend – nicht nur ein bedeutender Staatsmann oder ein großer
Tenor werden können, damit hätte er auch im Film Furore gemacht. Stattdessen sitzt er am wöchentlichen Kinotag *vor* der
Leinwand und will – immer und stets ein Verfechter der »se-
rendipity« – uns weismachen, sein bloßes Zuschauerdasein sei
keineswegs bloß ein Zufall.

Und recht hat er, denn auch dieser Zufall hat seine Gründe:
Im Film wird kaum gelesen. Norbert Miller aber hat die »ex-
tensive Leserei« »eine üble, wenn auch immer wieder lockende
Angelegenheit«, als sein Laster und seine große Last beschrieben. Damit aber überschreiten wir die Grenzen des Phlegmas.
Denn der Phlegmatiker döst und blättert – Norbert Miller aber
ist hellwach und liest, und wenn man nicht regelmäßig mit ihm
ins Kino ginge und von Zeit zu Zeiten beim Fußball auf den
Wiesen Brandenburgs oder Englands unter den Folgen seiner

kompromisslosen *tacklings* entsetzlich zu leiden hätte, möchte man glauben, er tue nichts anderes und könne nichts anderes als Lesen, Lesen, Lesen. Er liest. Vor allem aber: Er hat bereits gelesen. Anders als der Hl. Augustinus hätte Norbert Miller auf die Aufforderung »Nimm und lies!« nicht zur Bibel gegriffen, sondern mit den profanen Worten geantwortet: »Kenn' ich schon!« Und dies nicht nur, weil Römer 13,13 – die Stelle, auf welche Augustinus zuerst stößt – mit einer Strafrede gegen Zechereien und Gelage anhebt.

Nichts charakterisiert diesen Leser besser als die Episode, von der mir ein Kollege Norbert Millers berichtete, der verständlicherweise darum bat, nicht genannt zu werden. Beide hatten sich zusammen auf eine lange Bahnreise zu begeben. Ich habe vergessen, um welche Strecke es sich handelte, nur das weiß ich, dass sie sehr lang war, entweder war es die Transsibirische Eisenbahn oder der Interregio von Berlin nach Weimar. Für die vielen Stunden der Fahrt hatte sich der Kollege ein Buch mitgenommen und Norbert Miller neun. Noch bevor sie den Zielbahnhof erreichten, entlieh Norbert Miller des Kollegen einziges Buch. Seine eigenen hatte er bereits gelesen. Er liest zwei Bücher in der Zeit, die die meisten von uns benötigen, um ein Buch zu kaufen. Der englische Gentleman, von dem man sagte, nie habe er etwas gelesen, von dem er nicht wusste, dass er es auch behalten wollte, las wenig. Norbert Miller liest viel und behält alles – vor allem Romananfänge.

Norbert Miller liest viel, und wenn er etwas liest, liest er alles. Nirgends hat er diese Maxime überzeugender und bewegender ausgedrückt als am Ende seines Nachwortes zu *Les Misérables*. Ein Nachwort zu den nicht enden wollenden Sätzen Victor Hugos zu schreiben, ist eine tollkühne Sache. Wie beginnen und wie enden? Der Anfang des Nachwortes ist in seiner allumfassenden Knappheit bereits von großem Raffinement – »Der Erfolg des Romans beim Publikum war überwältigend, das Echo der Kritik zurückhaltend, das meist nur im Stillen geäußerte Urteil der Autoren verstört oder höhnisch« – das Ende aber, welches den

Blick des Lesers von den Buchstaben des Buches in die Wirklichkeit hebt, ist meisterhaft: »Auf eine unendliche Reise begibt sich, wer in die Welt von *Les Misérables* eindringen will. Wie in jeder Weltdichtung will auch in dieser jedes Kapitel und jedes Wort gelesen sein. Dann aber entsteht rings um den Leser die Welt des Jean Valjean in einer unerschöpflichen, durchs Leben weiterwirkenden Herrlichkeit.« Diese Sätze stehen in einem Meisterwerk – und halten ihm stand.

Ähnlich meisterhaft versteht es Norbert Miller, der unüberbietbare Kenner der Romananfänge, den Leser mit wenigen Sätzen auf ein Problem aufmerksam zu machen und in einen Problemzusammenhang hineinzuziehen: »Wie fragwürdig es ist, das literarische Leben Berlins im Zeichen Weimars und der Romantik als ein Kontinuum zu sehen, das sich über die jähen Einschnitte der Zeitgeschichte in den Grundzügen mindestens bewahrt hatte, hat als einer der ersten Theodor Fontane mit dem kritisch geschärften Blick gegenüber einer zu lange bewahrten Liebe festgestellt, als er 1878 in den Vorarbeiten zum *Schach von Wuthenow* zuerst auf das Problem der zeitlichen Situierung seiner Novelle stieß. Der historische Otto Friedrich Ludwig von Schack, Offizier im Regiment Gensdarmes, hatte sich als alternder Lebemann aus einem eingebildeten *point d'honneur* heraus zwei Jahre nach den Freiheitskriegen in seiner Wohnung Unter den Linden erschossen. Fontane kannte den Umriss der tragikomischen Geschichte, nicht aber den genauen Zeitpunkt. So fragte er bei Mathilde von Rohr, der er den Stoff verdankte, einigermaßen ängstlich nach ...«

Einigermaßen ohne Angst fragt so in seinem Essay »Literarisches Leben in Berlin im Anfang des 19. Jahrhunderts« Norbert Miller bei Theodor Fontane nach, dem Gewährsmann, der sich wiederum auf seine verlässliche Gewährsfrau stützt, und aus dieser Schachtelkonstruktion entwickelt sich, in strenger historischer Nachzeichnung und spannend doch wie eine Novelle, ein Literatur- und Lebensbild Berlins, das in der Wärme der Nachfühlung, in der Präzision der Personenkonstellationen

und in der entschiedenen Abwehr lange gehegter chronolo-
gischer wie geistespolitischer Vorurteile seinesgleichen sucht
und beiläufig, wie im Flanierton, dem Leser Einsichten einer
Alltagsmoralistik bietet, die überzeugend und überraschend
sind wie, in der Tat, der geschärfte Blick gegenüber einer zu
lange bewahrten Liebe.

Und damit bin ich fast schon beim heraushängenden Hemd.
Nicht anders als Liebe nämlich kann man das Verhältnis Norbert
Millers zur Literatur nennen, eine leidenschaftliche und darüber hinaus eine glücklich erwiderte Liebe. *Strawberry Hill*, die *Ar-
chäologie des Traums* und *Der Wanderer* – leicht ist es, an diesen großen
Büchern die Kunst und die Fertigkeiten Norbert Millers bewun-
dernd aufzeigen. Noch eindrucksvoller aber wirken auf mich
seine Kompetenz und sein literarisches Verantwortungsgefühl,
wenn er sich nicht auf den Hauptplätzen seiner Produktion aufhält, sondern Nebenwege und Seitenstrassen aufsucht, wenn er,
was oft genug vorkommt, nicht in der Bel Etage der *Belles Lettres*
Quartier bezieht, sondern die Durchgangszimmer und die
Dienstbotenkammern der schreibenden Zunft in Augenschein
nimmt. Ich spreche von Nachworten und Anmerkungen, von
Vorworten und Gutachten, von Ausschreibungen und Nach-
besserungen, von Fußnoten und Handzetteln, von Festschriften und Handbüchern, von Editionen und Emendationen, von
Absagen und von Empfehlungsschreiben, von Konjekturen und
von Korrekturen, ich spreche vom kleinen ABC der literarischen
Produktion, den Bausteinen aller großen Literatur. Worum auch
immer es sich handelt: Der Autor Norbert Miller lässt sich niemals gehen. Was man bei ihm auch lernen kann: Es gilt etwas,
das geschriebene Wort.

Und das heraushängende Hemd? Als ich bei Kollegen und
Verlegern eine Umfrage veranstaltete, welche Charakterzüge
Norbert Millers in einem kleinen Geburtstagsgruß wie diesem
auf keinen Fall vergessen werden dürften, landete das heraushängende Hemd an fünfter Stelle. Immerhin. Das heraushängende Hemd aber kleidet – vielleicht – den Phlegmatiker, den

wir deshalb nicht weniger liebenswert finden, in der Garderobe
des Literaturliebhabers findet es sich nicht.

Freilich kann Norbert Millers Liebe zur Literatur auch aus-
gesprochen gefährlich sein. Er, Draculas Bibliothekar, der in uns
wie kein anderer die Neigung zum Schauerroman wiederer-
weckt und uns mit der Gänsehautkrankheit angesteckt hat, hat
sich eines schweren Vergehens schuldig gemacht: der Lektüre
mit Todesfolge. Ich beschränke mich auf ein Beispiel. Ferdinand
von Saars um die Wende zum vorletzten Jahrhundert erschienene Novelle *Schloss Kostenitz* hat Norbert Miller einen bewun-
dernden Essay gewidmet. Dass der Essay fast so lang ausfällt
wie die Novelle, sollte den Leser bereits misstrauisch machen
und seinen Anfangsverdacht wecken. Und dann der Umschlag
des Buches – ein einziges Indiz kommenden Unheils! Diesem
Unheil sehen der Autor und sein Interpret entgegen wie Katz
und Maus: Norbert Miller im bekannt offenen Hemd, froh mit
freigiebig entblößtem Hals und Brustansatz, Ferdinand von Saar,
der sich von seinem ebenso wohlwollenden wie durchtriebenen
Interpreten abwendet, mit ängstlich bis zum Kragenansatz hoch
und fest zugeschlossener Hemdbrust. Der Autor scheint zu wissen, was ihm blüht und wen er in seinem Lobschreiber vor sich
hat: den Vertreter einer in der Literatur ebenso seltenen wie gefährlichen Spezies, den Anti-Vampyr.

Norbert Miller nämlich hat aus dem Handwerk der literarischen Wiederbelebung das Kunstwerk der ästhetischen Über-
belebung gemacht: Generös pumpt er so viel von seinem eigenen Blut in das mit der Zeit doch ein wenig anämisch gewordene
Original, dass der Essay das Objekt seiner Bewunderung zwar
neu belebt, doch hoch im zweiten Rang belässt. Ferdinand von
Saar wird zum Opfer des Anti-Vampyrs. Wie zum Hohn heißt
die Reihe, in welcher Norbert Miller der Novelle Ferdinand von
Saars im feste lobenden Zugriff fast den Garaus macht, *da capo
essay*! Wie wahr und doch, aus Sicht des Autors, wie fatal: am
Ende hat man – wie ich, ich gestehe es – die Novelle zum ersten Mal gelesen und zum ersten Mal auch Norbert Millers Essay,

aber zum zweiten Mal, *da capo*, liest man nur noch den Essay. Es ist, als käme die Callas auf die Bühne und sänge dem Publikum vor, wie eine seit geraumer Zeit abgetretene Sängerin eigentlich hätte singen wollen. *Da capo* – nie mehr werde ich diese Worte ohne leise schaudernde Erinnerung an die zubeißende Macht Norbert Millers, dieses Anti-Vampyrs, lesen können.

Norbert Miller ist Dilettant – einer, der viele Dinge liebt. Er ist kein Spezialist – einer, der unentwegt ein Ding quält. Ich wage die literarisch-medizinische Prognose, dass Norbert Miller von allen Autoren, Kritikern und Herausgebern der Gegenwart am wenigsten Gefahr läuft, sich eine Hirnlähmung zu holen, und denke dabei an die Warnung Jacob Burckhardts, der vom Erlahmen sprach, »wenn man zu viele Jahre hindurch mit lauter homogenen Sachen von beschränktem Interesse zu tun hat. Buckle hat sich aus den schottischen Predigten des 17. und 18. Jahrhunderts seine Hirnlähmung geholt.« Nein, diese Gefahr ist nicht gegeben bei Norbert Miller, der die europäischen Literaturen so genau kennt wie die Musik und die Bildende Kunst und der zwischen ihnen kunstvolle Fäden zu ziehen und unerhörte und vorher nie gesehene Beziehungen zu knüpfen versteht.

Der Allesleser Norbert Miller ist auch ein Alleswisser. Spielten wir für einen Augenblick miteinander das Spiel, das die Studenten im Mittelalter spielten, wenn sie einander fragten, welchen Schlüsselsatz eine bestimmte Person nie und nimmer hätte aussprechen können, ich wüsste, zu welchem Satz die Antwort nur: »Norbert Miller« lauten könnte. Es ist der Satz: »Diese Oper kenne ich nicht!« Auch wenn er nur alles und nicht alles besser weiß, überfällt doch leise Bedrückung den Leser, wenn Norbert Miller ihm wie beiläufig vermittelt, dass man beim Titel *Oberon*, wie es die Chronologie erfordert, zunächst an Paul Wranitzky (1788) und daraufhin erst an Carl Maria von Weber zu denken habe.

Bei Norbert Miller sind nicht nur seine Panoramen beeindruckend, sondern ebenso sein Detailgeschmack, der ihn eine Passage in Ludwig Tiecks Cervantes-Übersetzung – ich möchte vergessen, um welchen Satz es sich dabei handelt – ebenso kritisieren wie Rudolf Borchardts dänische Konjunktivkonstruktionen bewundern lässt. Bei ihm ist das Handwerk ebenso interessant wie der Höhenflug. Für Norbert Miller gilt, was einer der von ihm edierten Autoren schrieb: »Es ist das Merkmal einer höheren Kultur, die kleinen und unscheinbaren Wahrheiten, welche mit strenger Methode gefunden wurden, höher zu schätzen als die beglückenden und blendenden Irrtümer, welche metaphysischen und künstlerischen Zeitaltern und Menschen entstammen.« Endlos könnte man so mit Nietzsche weiterschwärmen von den Kleinigkeiten, die einem unter Norbert Millers Wortlupe auf einmal groß und bedeutend vorkommen, wie etwa Ludwig Tiecks Adaptation des »Donauweibchens« von Karl-Friedrich Hensler. Schwärmen könnte man, hätte man nicht das Gefühl, nicht, wie Norbert Miller selbst es einmal beschrieb, »plötzlich vor dem geöffneten Tor eines wunderbaren Zauberreichs zu stehen«, sondern im Meer der eigenen Inkompetenz zu versinken.

Nur einen kleinen Rettungsring gibt es für mich, eine einzige Passage in Millers Werk, dieser unvergleichlichen *Comédie souveraine*, zu der mir eine kritische Fußnote einfällt. Im *Kasperletheater für Erwachsene*, einem im wesentlichen wunderbaren, mit Karl Riha gemeinsam edierten Band, spricht Norbert Miller von der »sicheren Kenntnis der Regeln und Fertigkeiten, vom ausgeprägtem Gusto für die ungewohnte Nuance oder Variante und von eingefleischten Vorurteilen, wie sie lange Jahre des Umgangs mit einem Steckenpferd verleihen«. Wer Norbert Miller im Kreise seiner Enkel, die dann nicht wesentlich jünger zu sein scheinen als er selbst, als Puppenspieler erlebt hat, weiß, dass er an dieser Stelle auch von sich selber spricht – und damit auch von seinen eigenen, eingefleischten Vorurteilen.

Leider zeigen sich diese Vorurteile in einer rabiaten, die süddeutschen Scheuklappen voll ausfahrenden Manier in seinem Überblick des Kasperletheaters, in dem auf unerhörte Weise das Köllsche Henneschen nicht auftaucht – was umso bedauerlicher ist, als sich hier die Bezüge zu einem anderen Lieblingssujet von Norbert Miller, dem Fußball, zwanglos hätten herstellen lassen, hieß doch nicht nur der erfolgreichste aller Trainer des jetzt auf der Bühne der Bundesliga unaufhörlich ab- und aufsteigenden 1.FC Köln Hennes mit Vornamen, sondern auch das Maskottchen, der Geißbock, der in jeder Generation Hennes, also Kasper, heißt, egal in welcher Liga die Elf vom Rhein gerade herumtrullert. In diesem Zusammenhang – was Norbert Miller ebenfalls vergisst – zu erwähnen, dass der erste deutsche Bundestrainer nicht ohne Grund nicht Kaspar, sondern Seppl hieß, ist mir fast peinlich.

Mit dem Henneschen, dem Geißbock und Sepp Herberger verlasse ich das Reich der Ideen und komme, fast schon zum Schluss, auf die Institutionen zu sprechen. Norbert Miller hat selbst etwas vom Kasperle und Narr, also vom Weisen, an sich und könnte leicht den pikanten Außenseiter spielen, schnurrte nicht überall, wo er sich aufhält und spricht, die Peripherie blitzschnell auf einen Dreh- und Angelpunkt zusammen und wird unversehens zum Zentrum mit einem und manchmal auch mit zwei m am Schluss. Extrapersonen wie er geben sich in der Regel gerne institutionenfremd, wenn nicht institutionenfeindlich und meinen, aus solch hochmütiger Distanz ließe sich auf billige Weise ein Zuwachs an individualitätsfördernder Einmaligkeit erzielen. Norbert Miller aber ist, auf eine fast rührende Weise, ein Institutionenmensch und treu. Dies gilt beispielsweise für Zeitschriften wie die *Akzente* oder *Sprache im Technischen Zeitalter*, Schreibstuben wie das Literarische Colloquium und Verlage wie Hanser, es gilt für die Akademien in Darmstadt, Mainz und jetzt auch Berlin, es gilt für Seminare und Fakultäten, das heißt, es gilt im besten Humboldtschen Sinne für die Forschung und für die Lehre, und es gilt nicht zuletzt für die Universität als Korporation. Wer an der Trauerfeier für den unvergesslich bleibenden TU-Präsidenten Hans Jürgen Ewers teilnahm, konnte davon in der bewegenden Abschiedsrede Norbert Millers etwas spüren.

1985 hat Norbert Miller von den Jahren gesprochen, die er in »glücklicher Ereignislosigkeit« an der TU Berlin verbracht habe. Jetzt sind weitere siebzehn glückliche Jahre hinzu gekommen. Er kam 1967 als Assistent Walter Höllerers an die Technische Universität – und blieb. An Berufungen hat es nicht gefehlt. Aber Norbert Miller hat nie jenem eigentümlichen Pluralismus der akademischen Rang- und Hackordnung als Beispiel gedient, der am Professor nur die Zahl der Berufungen und nicht das Maß seiner Berufung wertet.

Dies ist der Augenblick, um der Technischen Universität ein freies Wort der Bewunderung zu sagen für das, was sie über lange Jahrzehnte an institutioneller Förderung und geistiger Unterstützung für die nicht-technischen Fächer in Berlin und zugleich weit über Berlin hinaus geleistet hat – in glücklicher Ereignishaftigkeit, um Norbert Miller zu korrigieren. Carl Dahlhaus, Walter Höllerer, Peter Wapnewski – drei große Namen, die den Rang dieser von der TU ausgehenden Anstöße und Anregungen eindrucksvoll verkörpern. Mit ihnen, erst Lehrern, dann Kollegen, dann Freunden, hat Norbert Miller zusammengearbeitet. Er hat Lehrer gehabt, die zu bewundern er wagte, und hat, so denke ich, auch aus diesem Grund so viele Schüler gefunden, die ihn verehren. Ich scheue das pathetische Wort nicht, beim Geburtstagscolloquium am Schlachtensee, das seine Schüler ausrichteten, habe ich erlebt, dass sich in ihm eine Wirklichkeit ausdrückt.

Norbert Miller war es, der die akademische Lebensform in ihrer alltäglichsten Ausprägung auf eine unvergessliche Formel gebracht hat. Sie entstammt seiner Schilderung eines Abends, an dem er – aller, wie er glaubte, Verpflichtungen ledig – es sich zu Hause bei Oper und Buch heimisch machte, als plötzlich die Klingel ertönte und ihm siedendheiss zum Bewusstsein kam, dass er einen Kollegen und seine Frau zum Abendessen eingeladen hatte. Er sah durch den Spion in der Eingangstür, fand seine Befürchtungen bestätigt und brachte sie auf die Worte, die man als Pathosformel des akademischen Gesellschaftslebens zu zweit bezeichnen darf: »Da standen sie nun vor der Tür: sie mit den Blumen, er mit dem Sonderdruck.«

Man kann von diesem Paar vor der Tür nicht Abschied nehmen, ohne dem Paar hinter der Tür seine Reverenz zu erweisen: Gaby und Norbert Miller, die eine Produktionsgemeinschaft bilden, wie es sie in dieser Effizienz, aber ohne die gleiche Freude aneinander, früher nur bei den schlesischen Webern und ihrer Heimarbeit gegeben haben mag. Als Gegenpaar erinnern beide zugleich, um ins akademische Milieu zurückzuwechseln, an das Tandem Beatrice und Sidney Webb, von dem Virginia Woolf einmal sagte, was sie geleistet hätten, sei nur aus dem Pathos des kinderlosen Paares zu verstehen. Um so höher ist unsere Bewunderung für ein Paar, das auf so unpathetische Weise aus Kindern und Enkeln zusätzliche Kraft zu gemeinsamer Arbeit zieht.

Norbert Miller, dieser stets nach Künstlichen Paradiesen Süchtige, hat aus angeblichem Phlegma eine Lebensform und aus dem literarischen Alltag ein Dauerfeuerwerk gemacht. Wir wissen: Er lässt sich auf ein einziges Temperament nicht reduzieren. Er hat von allen etwas. Der Fachausdruck dafür lautet: Temperamentsbolzen. Phlegmatiker aber bleibt Norbert Miller darin, dass er bei jeder passenden Gelegenheit untertreibt. Der Schlüssel zu seinem Verhalten heisst *low key*. Auf der Liste seiner Prioritäten steht das *understatement* obenan. So hat er die »Selbstbescheidung aus höchster Berufung« als für den Berliner typisch bezeichnet und zugleich bescheiden angemerkt, dem Nicht-Berliner stehe es nicht an, sich als Berliner zu gerieren. Gerieren hin, gerieren her, wir freuen uns darüber, dass der »Mangel an Bergen und an bitterem Bier« Norbert Miller nicht, wie vor ihm Jean Paul, aus Berlin vertrieben hat.

Verankert in seiner, der Technischen Universität hat Norbert Miller mit Lehrern, Kollegen und Schülern vorgelebt, wie reich das arme Berlin ist. Er hat zuviel Geist, als dass man ihn einen Schöngeist nennen könnte. Er ist der Bayer, auf den wir in Berlin stolz sind.

In seiner Nachdichtung der *Italienischen Reise* erzählt Norbert Miller nicht ohne inneres Behagen, wie 1787 der römische Standesbeamte das von Goethe gewählte Pseudonym Filippo Möller in das viel freundlichere »Miller« aufgehellt habe. Unter welchem Pseudonym wir in Zukunft auch immer Norbert Miller begegnen werden: Wir werden nicht vergessen, wie aufhellend er, der Freund, stets auf uns gewirkt hat.

XVI. Der deutsche Michel
Laudatio auf Michael Krüger

Die Sommerferien verbrachte er mit Bruce Chatwin in Gregor von Rezzoris Haus in Griechenland, durch den Jemen reiste er mit Günter Grass, Ilse Aichinger lobte er in Sils-Maria, und die Zigaretten des Kettenrauchers Joseph Brodsky zählte er in der Küche von Alfred Brendel in London, natürlich in Hampstead, wo Karl Marx einmal zu Hause war. Seine Briefe an Günter Kunert speicherte die Stasi, heute noch weiß er, wie der Lieblingsbleistift von Reinhard Lettau schrieb, und ahnt, was sein Kollege Hans Bender schon am Vormittag in seinem Kölner Taubenschlag tut. Zweimal im Jahr, »in Paris oder sonst wo auf der Welt«, trifft er Peter Handke, verspeist gelegentlich mit Jürgen Habermas eine Renke aus dem Starnberger See, und als er einmal in Florenz bei strömendem Regen seinen Mantel verliert, da muss ihn ein Fachmann für Tiefdruck und Melancholie trösten: George Steiner.

Es ist gefährlich, berühmten Leuten zu nahe zu kommen. »Vorsicht, frisch beeindruckt!« Prominenz färbt ab – plötzlich hat man Flecken am Anzug, Dellen im Gemüt und steht seiner eigenen Identität ziemlich kritisch gegenüber.

Michael Krüger kennt jeden, er gehört zu den kontaktfreudigsten Menschen auf der Welt. Und zugleich zählt er zu den wenigen, die sich durch nichts und von niemandem haben verfärben und verbiegen lassen. Er ist in der Lage, jedermann zu imitieren; anpassende Mimikry aber ist ihm fremd. Konstitutionell unfähig zum Lieblingssport vieler Geistesarbeiter – dem majestätischen Einrennen offener Türen –, ist er Charlottes Ratschlag aus den *Wahlverwandtschaften* gefolgt, »dass man an seinen Lebensverhältnissen nicht so viel zupfen und zerren, nicht immer was Neues an sie heranziehen soll«. Blickt man heute auf

das frühe Foto, das Renate von Mangoldt von ihm während seines Aufenthaltes am Literarischen Colloquium Berlin im Jahre
1983 gemacht hat, dann stellt man fest, dass Michael Krüger ganz
er selber geblieben ist. Mit offenem Hemd und offenem Blick
ist er immer noch »the young man older men trust«. Von den
Jüngeren und den Frauen ganz zu schweigen …

Ehrungen ähneln Erdbeben. Kaum spürt man sie, kommt
es zu heftigen Ausschlägen auf der nach oben offenen Neid-
skala – selbst dann, wenn »nur« eine Ehre und nicht auch Geld
verliehen wird. Ehrungen haben ihren Preis. Erneut bildet Michael Krüger eine Ausnahme. Nur ein einziges Mal blieb in der
Bundesrepublik der Neid-Seismograph so ungerührt wie heute:
an dem Tag des Jahres 1995, als Fritz Walter zum Ehrenspielfüh-
rer der deutschen Fußballnationalmannschaft ernannt wurde.
Allenthalben ist die Freude groß – und so gratuliere auch ich
meinem Verleger und Freund zur Verleihung der Ehrendoktorwürde durch die Neuphilologische Fakultät der Universität Tübingen.

Und dennoch … Wenn heute der Neid auch schweigt – ist
in der Umgebung nicht ein leises Grollen zu spüren? Schließlich lässt Michael Krüger eine seiner Romanfiguren Baden-
Württemberg »ein einziges schwarzes Loch« nennen und gibt
die in aller Welt zu Recht gerühmten Handwerker des Länd-
les dem Spott preis – durch die Darstellung eines inkompe-
tenten »schwäbischen Waschmaschinen-Spezialisten«, der
keine Schraube anfasst, weil er an einem Mutterkomplex leidet
und daher zu nichts anderem in der Lage ist als zu massiven
Wohnraumüberflutungen! Um der üblichen Autorenausrede
zuvorzukommen, ich zitierte ja gar nicht ihn, sondern nur eine
seiner Romanfiguren, will ich mich zu dem bewährten herme-
neutischen Prinzip bekennen, den Autor Michael Krüger nicht
mit einer, sondern mit jeder seiner Figuren zu identifizieren.
Seinen Geschichtenband mit dem bescheidenen Titel *Aus dem
Leben eines Erfolgsschriftstellers* schickte uns Michael Krüger mit der
Widmung: »Alles gelogen, natürlich«. Das war natürlich gelo-

gen; bei diesem Autor sind auch Fiktionen nichts als die reine Wahrheit.

Dieser Einsicht folgend, muss den Mitgliedern der Neuphilologischen Fakultät – in der Mehrzahl Akademiker, wie ich vermute – die Frage gestellt werden, die zur Hochzeit des Tübinger Stifts besorgten Bürgern dieser Stadt so oft über die Lippen kam: Wissen Sie eigentlich, was Sie tun? Ist Ihnen entgangen, dass Herr Dr. Krüger, der 1998 die Bamberger Poetik-Professur besetzte, von einem tiefen Misstrauen gegenüber der akademischen Welt und von beißendem Spott gegenüber der Literaturwissenschaft geprägt ist? Hat es Sie nicht gestört, dass dieser Freiberufler in einer seiner Freizeitgeschichten als hervorragenden Charakterzug »der lebenslang ungeprüft im Beamtenstatus ausharrenden Professoren« die Faulheit nennt und dass er – »Trunkenheit und Durchblick« heißt sein Motto – vor zehn Jahren im Zustand der Voll-Nüchternheit den Satz geschrieben hat: »Durch Alkohol kann man sogar als Germanist einfallsreich und witzig wirken«? Ich frage ohne Schadenfreude, denn meiner eigenen Profession, der Michael Krüger zufolge nichts heilig und nichts zu heiß ist, wirft er das »eiskalte Soziologendeutsch« vor.

Haben Sie, Hohe Damen und Herren der Fakultät – diese Frage muss ich leider auch meinem Freund und Kollegen Georg Braungart stellen, der diesen Abend angezettelt hat –, das Werk Ihres jüngsten Ehrendoktors sorgfältig genug studiert? Oder haben Sie überlesen, dass er bereits 1993 – mühsam hinter einer seiner boshaften Romanfiguren versteckt – das »Überstülpen« von Ehrendoktorhüten als »akademischen Flitter« verspottet und zwei Jahre später in einer als »Beitrag zum Verständnis des deutschen Verlagswesens« getarnten Polemik sich über das Ehrendoktorwesen lustig gemacht hat? Wobei er seinen sogenannten »Beitrag«, das Außergewöhnliche zum Selbstverständlichen herabstufend, überheblich als »Dr. h. c. in spe« unterzeichnete! Dr. h. c. in spe! – So hatte sich der Tübinger Ehrendoktor Ernst Bloch das »Prinzip Hoffnung« bestimmt nicht vorgestellt! Die Sache wird nicht besser dadurch, dass Ihnen die Bielefelder

Kollegen mit der Verleihung der Ehrendoktorwürde an Michael Krüger vorausgegangen sind. Im Gegenteil. Zu befürchten steht, dass der »Dr. h. c. mult.«, wie er sich hinfort nennen darf, diese Ehrenbezeichnung vor allem als Lizenz zur Multiplizierung seines Spottes über akademische Ehren nutzen wird.

Aber was hilft es. Was geschehen ist, ist geschehen. Beschlossen und vollzogen ist die Ehrung. Ich zitiere Michael Krüger mit einem Satz, den die meisten seiner Interpreten bis heute übersehen haben, obwohl er in seinem umfangreichen literarischen Œuvre an zentraler Stelle steht: »Nun beginnt das Dilemma, und zwar für mich, der ich eine laudatio halten soll.«

Michael Krüger wurde geboren und hat Abitur. Niemand kennt die copy-rights und die copy-wrongs des Literaturbetriebs so gut wie er. Nach einer Lehre als Verlagsbuchhändler und als Buchdrucker schrieb er sich als Gasthörer an der Philosophischen Fakultät der Freien Universität Berlin ein und wieder aus, jobbte von 1962 bis 1965 als Buchhändler in London, arbeitete seit 1966 als Literaturkritiker und wurde dann Lektor beim Hanser Verlag, den er seit 1986 leitet. Bald kam der Tag, an welchem dank Michael Krügers Spürsinn, Geschick und Fortüne der Hanser Literaturverlag auf einmal mehr Gewinn machte als der Hanser Fachverlag – sonst war es immer umgekehrt gewesen – und Sonette, Essays und Romane sich von nun an nicht mehr schämen mussten, von der Subvention der Schrauben, Muttern und Kunststoffe abhängig zu sein. Daran hat sich bis heute nichts geändert.

Der Hanser Verlag wurde jetzt zum Verlag des Jahres gewählt. Diese Ehrung war überfällig. Aber sie greift zu kurz. Verlag des Jahres? Verlag der Jahrzehnte müsste es heißen. Die Geistesgeschichte der Bundesrepublik Deutschland lässt sich – in historischer Abfolge – in drei Kulturen teilen: die rde-, die Suhrkamp- und die Hanser-Kultur. rde – »Rowohlts deutsche Enzyklopädie«, von dem Italiener Ernesto Grassi konzipiert und herausgegeben, brachte nach dem Ende des Dritten Reiches den

Kosmopolitismus in den Wissenschaften und den Künsten nach Deutschland zurück; die Suhrkamp-Kultur, untrennbar mit dem Namen Siegfried Unselds und heute mit der Erinnerung an ihn verbunden, speicherte zwischen Buchrücken den Nachweis, dass Kritik und Selbstkritik ein demokratisches Gemeinwesen stärken, und die Hanser-Kultur, verkörpert in Michael Krüger, erhält unsere Hoffnung, dass im Zeitalter von Google und Web 2.0, von Napster und »Second Life« das Buch nicht verschwinden, sondern dass es überleben und ein notwendiges Lebensmittel für den *homo sapiens legens* bleiben wird.

Eine *laudatio* ist keine *enumeratio*. Ich werde im folgenden keine gliedernde Aufzählung der Akademien vornehmen, denen Michael Krüger angehört, der Ehren, die ihm verliehen wurden, der Preise, zu denen er anderen verhalf, der *laudationes*, die er gehalten, der Bücher, die er selbst geschrieben, der Porträts, die er verfasst, und der Gesammelten Werke, die er herausgegeben hat. Ich will auf die zentrale Rolle hinweisen, die der Autor und Verleger Michael Krüger für das literarische Leben nicht nur in der Bundesrepublik, sondern in der weltweiten *République des lettres* spielt: die Rolle des Mittlers. Den Namen Mittler gab Goethe in den *Wahlverwandtschaften* einem von ihm so genannten »wunderlich tätigen Mann«. Er zeichnete einen Charakter, der sich meist dort aufhielt, wo es eine Beziehung zu stiften oder etwas zu vermitteln galt, wobei er sich von manchen seiner Klienten gelegentlich »in dunkle Regionen geführt sah, in denen er sich immer unbehaglicher fühlte, je länger er darin verweilte«. Erstaunt berichtete Goethe später Eckermann davon, er habe mehrere Personen getroffen, die sich in seiner Romanfigur, wenn auch mit gemischten Gefühlen, wiedererkannten: »Der Charakter muss also wohl einige Wahrheit haben und in der Welt mehr als einmal existieren.« Goethes Mittler, seinen eigenen Vorteil nie aus den Augen verlierend, ist eine schillernde Figur – wie es bei dieser gesellschaftlichen Rolle meist der Fall zu sein pflegt. Michael Krüger aber ist, wieder einmal, die Ausnahme: Bei diesem Mittler bestimmt nicht Berechnung, sondern Sympathie alles, was er tut, und nie läuft er Gefahr, über dem Dringenden das Wichtige zu vergessen.

In der Verlässlichkeit seines Engagements, in der Bockigkeit seiner Überzeugungen, in der Unerschütterlichkeit seiner Neugier, in der Fairness gegenüber Konkurrenten, der Frechheit gegenüber aufgeblasener Autorität und im Enthusiasmus für Freundschaft ist der Mittler Michael Krüger einzigartig. Schon früh in der Mitherausgabe der Berliner Zeitschrift *Die Diagonale*, dann in dem mit Klaus Wagenbach gemeinsam edierten *Tintenfisch* und vor allem seit 1976 und bis heute in den *Akzenten* zeigt sich die unvergleichliche Mittlertätigkeit Michael Krügers. Als er 1981 die alleinige Verantwortung für die *Akzente* übernimmt, beschreibt er in seiner Würdigung des früheren Mitherausgebers Hans Bender auch die Maxime seines eigenen Handelns, »unbeirrt die Erkenntniskraft der Literatur zu verteidigen. Das ist umso aufreibender, je mehr die Literatur in der Konkurrenz zu anderen Medien sich zu beweisen hat, deren augenfälligere Reize offenbar ansprechender sind als die in der literarischen Sprache verborgenen. Den Sinn für das Ästhetische gegen eine Welt zu verteidigen, die alle Anstrengungen unternimmt, sich jeden Sinnes zu entäußern, den Sinn für Sprache zu verteidigen gegen die täglich unangenehmer werdende Sprachflut und schließlich den Sinn für das spielerisch Machtlose zu verteidigen gegen die aggressiv vorgetragenen Manifestationen von Macht.«

Irreführend an diesen Sätzen, die sich zu einem Literarischen Manifest verdichten, ist der mehrfache Gebrauch des Verbums »verteidigen«. Denn der Italienliebhaber Michael Krüger ist alles andere als ein Anhänger des *catenaccio*. Im Gegenteil: In der Champions League der Literatur greift er in der Regel an, oft als Einmann-Sturm, er orientiert sich nach vorn, er spielt Spitze. Es ist daher kein Zufall, dass heute Abend mit Erwin Staudt der Präsident des VFB Stuttgart unter uns ist, der Mannschaft, die augenblicklich in der Bundesliga den schönsten Angriffsfußball spielt.

Auch wenn man sich Michael Krüger als unbotmäßigen, autoritätsspöttischen Aufklärer im Autorenzirkel der *Encyclopédie* besonders gut vorstellen kann, hemmt ihn keine Nostalgie. Er sehnt sich nicht nach vergangenen Jahrhunderten, er ist ein Gegenwartstalent, ein Mann von Grundsätzen, aber kein Prinzipienreiter; er weiß, dass die Erhabenheit der Überzeugungen nicht in ihrer Übertreibung liegt. Die Stimmung, die mir als erstes in den Sinn kommt, wenn ich an Michael Krüger denke und wenn ich diesen der Welt zugewandten und weltfreudigen Stilisten lese, ist liebenswerte Heiterkeit – eine Heiterkeit aus freudigem, ihm von Natur aus mitgegebenen *common sense*, gegen die er sich ebenso wenig zu wehren vermag wie der Autor, der einst dem großen Dr. Johnson schrieb: »Sir, I have miserably failed in all my attempts at being serious. I don't know why, but cheerfulness was always breaking in.«

Auch wenn die Ehrung der Tübinger Fakultät vornehmlich dem Verleger und Herausgeber, dem Mittler, Entdecker und Förderer der Literatur und der Autoren ihrer Gegenwart gilt – der Lyriker und Prosaschriftsteller Michael Krüger darf darüber nicht vergessen werden. Paul Valéry hatte Unrecht, als er davon sprach, nichts sei so schwierig wie *parler peinture*. Das Sprechen über Musik und über Gedichte ist genau so schwierig. Ich will es gar nicht erst versuchen. Das »plötzliche Hineingleiten in einen poetischen Zusammenhang«, das Michael Krüger an den Gedichten Ilse Aichingers bestaunt hat, bewundere ich auch an seiner Lyrik, aber ich wüsste nicht zu erklären, wie und warum es geschieht. Der »Augenblick des Gedichts« (Adorno), Krüger erinnert daran, ist privilegiert, also verschlossen und wehrt sich gegen den von ihm so genannten »besserwisserischen Zugriff gelehrter Anstrengungen«. Die Literaturgelehrten werden wissen, wie sie auf diesen entschiedenen Gestus poetischer Abwehr reagieren.

Das Interesse dieses Schriftstellers und Büchermachers gilt dem schreibenden und dem lesenden Menschen. Seine Empathie aber gilt auch Geschöpfen, die nur selten ein Buch in die

Hand oder zwischen die Pfoten nehmen: den Tieren. Michael
Krügers Gedichtbände tragen Titel wie *Zoo* und *Diderots Katze* und
Die Dronte, und wenn er den toten Maulwurf, den »weichen Wüh-
ler«, als »Freund des Ungebahnten« beklagt, höflich die Igel
anredet − »Seid mir gegrüßt, ihr leisen Sohlengänger« − oder
nach schlaflos-versummter Nacht eine Mücke beschimpft −
»Du willst ein Herz haben, nutzloses Tier?« −, fühlen wir uns
in das 17. Jahrhundert zurückversetzt, als Naturforscher wie Jan
Swammerdam in der Anatomie einer Laus die Vorsehung Gottes
erblickten.

Wir sind − zur Fauna gesellt sich die Flora hinzu − im Reich
der Naturlyrik, in der Nachbarschaft eines Wilhelm Lehmann,
Peter Huchel und Günter Eich. Wir sind in der Welt der Naturgeschichte. Michael Krügers vielleicht bewegendster Text gilt
einem Verwandten, dem Urgroßonkel August Garcke, der, von
Hause Theologe, außerordentlicher Professor an der Universität Berlin war und am Königlichen Herbarium Johannes von
Hanstein und Adelbert von Chamisso nachfolgte. 1866 ist für
Michael Krüger nicht das Jahr von Königgrätz, in dem Preußens Sieg über Österreich die Grundlagen für das kleindeutsche
Reich legte, 1866 ist für ihn das Jahr, in dem August Garcke
die Redaktion der *Linnea* übernahm, eines »Journals für die
Botanik in ihrem ganzen Umfange«. So erinnert sich Michael
Krüger an den nie gesehenen Vorfahren: »Am 10. Januar 1904,
wenige Monate vor der Geburt meines Vaters, schloss er die mil-
den, freundlichen Augen, aus denen eine edle Kinderseele der
geliebten Pflanzenwelt entgegenstrahlte. Er war unverheiratet
geblieben, war anspruchslos und sparsam, selbstlos und bescheiden gewesen. Auch mit Freunden und Kollegen pflegte er
keinen näheren Umgang. Sein Leben darf, mit dem Psalmisten,
ein köstliches genannt werden.«

Verwandt ist Michael Krüger mit August Garcke, seinem
Onkel, der den thymianblättrigen Ehrenpreis an Orten fand,
die heute keiner Postleitzahl mehr würdig sind; vertraut ist
er mit dem Grafen Buffon und mit dem Ritter Linné, er kennt

die Helden der Naturgeschichte. Mit ihnen teilt er die adamitische Freude an der Benennung von Tieren und Pflanzen, das kindhafte Vertrauen, mit dem richtigen Namen eines einzigen Individuums das Geheimnis der ganzen Natur entschleiert zu haben: »Übrigens mag ich es, dass wir die Katze Katze nennen«, freut sich Michael Krüger. In seinen Gedichten werden wir in die Welt der *Philosophia Botanica* und der *Histoire Naturelle* zurückversetzt, in eine fröhliche und liebenswerte Wissenschaft, *scientia amabilis*, in der man noch hoffen durfte, die Fülle der unveränderlichen, von Gott einmal und für immer geschaffenen Tier- und Pflanzenwelt in räumlichen Rastern zu ordnen. Das vielleicht schönste Gedicht eines Hanser-Autors und Landsmann Carl von Linnés, das vielleicht schönste Gedicht von Lars Gustafsson trägt den Titel »Die Stille der Welt vor Bach«. In den Gedichten Michael Krügers spüren wir etwas von der Ruhe der Natur vor Darwin.

Unruhiger wird die Welt, wenn wir uns der Prosa und – auf dem Umweg über die jüngste Vergangenheit – der Gegenwartsgesellschaft nähern. Die weitaus längste Spanne seines Arbeitslebens hat Michael Krüger in München verbracht, von dem es in einem seiner Romane heißt, es sei eine »kleine, langweilige Provinzhauptstadt, in der das Gesellschaftliche vor dem Persönlichen rangiert«. Die Heimat der Lach- und Schießgesellschaft hat aus Michael Krüger einen Sozial-Satiriker gemacht, in dessen auf den ersten Blick absurd anmutenden Prosastücken sich der deutsche Alltag mit seinen gleich bleibenden Schrecken spiegelt – ein Kontinuum der Katastrophen von der Adenauer-Ära bis in die Merkel-Republik.

Schlimm geht es hier zu: Auch auf dem Lande sucht man vergeblich nach der Leitkultur und tröstet sich dafür mit Eierlikör, dem deutschen Leitgetränk, im Radio tönt Otto von Habsburg und lässt sich nicht abstellen, und in den Fußgängerzonen hat man das Gefühl, mit Steinen werfen zu müssen. Die Attacken polnischer Elektriker und türkischer Maurer werden nur noch – davon war bereits die Rede – von den Wasserspielen

schwäbischer Installateure übertroffen, und bei den Wochenend-
Vernissagen heimischer Künstler, die in der Regel in Motorrad-
jacken und olivgrüne Unterhemden gekleidet sind, kann man
von Glück sagen, wenn man am umkämpften Büffet »noch ein
Kaviarkügelchen zwischen einem gekrümmten Shrimpsrumpf,
ein Pastetchen, das angebissen zurückgelegt worden war, oder
ein Stück Leberwurst mit Schachbrettmuster erwischt, das unter
einem schlappen Salatblatt dem Verzehr sich bislang entzogen
hatte«. Der Magen knurrt, das Herz sucht Trost. Hoffnungsfroh
eilt man am Sonntag in die Kirche – und trifft dort, schwarzen
Vögeln ähnlich, auf alte Pfarrer, die lustlos im Evangelium pi-
cken.

Einen Zufluchtsort vor den Katastrophen des Alltags sucht
man vergebens. Auch die literarische Welt bietet kein Refu-
gium – während ansonsten die Deutschen langsam aussterben,
leidet die Welt der Literatur an Überbevölkerung und droht, in
der »täglich unangenehmer werdenden Sprachflut« zu versinken. »Selbst in westfälischen Kleinstädten wird heute über
Leibniz geredet«, heißt ein Satz Michael Krügers, der einem
wie ein alter Keks zu beißen gibt: Man kann ihn nicht mehr
vergessen, wenn man ihn einmal gelesen hat. Es gibt aber noch
Schlimmeres, als in Kleinstädten über Leibniz zu reden: Jeder
Provinzler, so scheint es, schreibt an einer Theodizee und hält
den Verzehr von Buttercremetorte für ein Zeichen dichterischer
Potenz. Typisch für die deutsche Bundesrepublik *des lettres* ist der
berühmte Onkel Herbert, der in einem Roman Michael Krügers
sein Unwesen treibt: Ein Schriftsteller, der in seinem ganzen
Leben noch nie etwas gelesen hat.

Leser nur hier und da im Lande, doch Autoren allenthalben: Zur Volkskrankheit wird der literarische Verfolgungswahn.
Ist man die dissertierende Geliebte endlich losgeworden, wird
man auf dem Weg zum Taxistand von einem Fräulein aufgehalten, das an einer Theorie der Moderne arbeitet. Der Taxifahrer
– er ist aus Chile emigriert und Dichter – würgt mit Absicht in
der Fontanestraße den Motor ab, damit man in Ruhe seiner mo-

dernen Version von Vicos *Scienza Nuova* lauschen kann. Hat man in letzter Sekunde den ICE erreicht – natürlich heißt er »Hannah Arendt« –, sieht man sich nach Luft schnappend im Zugabteil einer Studentin gegenüber, die sich energisch für die Vermehrung der weiblichen Alltagslyrik einsetzt. Zu Hause angekommen, wird man zunächst von der eigenen Schwester erschöpft, die nach zwanzig Jahren Vorarbeit von ersten Fortschritten bei der Widerlegung von Bachofens Mutterrecht berichtet, und findet dann selbst in den eigenen vier Wänden keine Ruhe, weil im Zimmer über einem lautstark ein bayerischer Haiku-Meister probt und der Mieter unter einem, ein Germanist, der sich seit sechzehn Jahren an einer Magisterarbeit über »Die verborgene Sexualität bei Wilhelm Raabe« vergeht, zum wiederholten Male an die Tür klopft, um sich eine Fußnote und den Salzstreuer auszuleihen.

Kein Wunder, dass in einem seltenen, satirefreien Augenblick bei Michael Krüger eine Gesellschaftsutopie aufscheint, in der die »strikte Verweigerung jeder Veröffentlichung« zur Bedingung der dichterischen Existenz gehört. Das erinnert an Julius Landmanns Vorschlag, man möge jedem Wissenschaftler, der im Alter von 50 Jahren noch nichts publiziert habe, umgehend den Doktor h. c. verleihen. Diese Chance hätte ein nichtschreibender Michael Krüger nutzen können – seine vermittelnde, seine verlegerische Tätigkeit wäre bereits eine *causa honoris* gewesen. Heute freuen sich nicht nur seine Autoren, dass der Verleger – seine Leser freuen sich, dass der Autor Michael Krüger, der Naturlyriker, der Sozialsatiriker, geehrt wird.

Und damit soll über Michael Krüger genug gesagt sein. Seine Freunde dürfen ihn Michel nennen. Jetzt geht es um den deutschen Michel. Ihm – bei dem ich das Wort gefunden habe – singe ich zum Schluss ein »Deutschlandliedchen«.

Überall auf der Welt verkörpert sich der Nationalcharakter eines Landes in der Regel in einer symbolträchtigen Figur. Auffallend ist dabei, dass sich in Deutschland, der »verspäteten Nation«, diese Identifikationsfigur erheblich früher als in anderen Ländern herausbildet. Fast zweihundert Jahre vor dem englischen John Bull, dreihundert Jahre vor der französischen Marianne und dem amerikanischen Uncle Sam betritt er die Bühne der Weltgeschichte: der deutsche Michel. Ein apolitischer Philister, ein zweideutiger Bursche: In den ersten bildlichen Darstellungen, die aus der Mitte des siebzehnten Jahrhunderts stammen, erscheint er als ein tumber Tor, der in seinem Gehabe und seiner Kleidung die Ausländer nachahmt, Ausdruck eines Minderwertigkeitsgefühls, das nicht zuletzt die deutsche Sprache gegenüber anderen europäischen Idiomen, vorzüglich gegenüber dem Französischen, an den Tag legt. Dann verschwindet der Michel für eine Weile, um im heutigen Baden-Württemberg wieder aufzutauchen, in Heidelberg, wo – mit Hilfe Clemens Brentanos – Achim von Arnim und Josef Görres zwischen dem April und dem August 1808 eine »Zeitschrift für Einsiedler« mit dem Titel *Der Teutsche Michel* herausgeben. Auch wenn sein Charakterbild in der Geschichte schwankt: Seit der Zeit des Vormärz gehören der dicke Bauch, die Verschlafenheit und die Nachtmütze zu den Attributen unseres Nationalhelden. Humor ist nicht seine Stärke.

Mein Freund Michel Krüger hat keinen Bauch, aber Witz und Humor. Auch nachts trägt er, wie aus verlässlicher Quelle verlautet, keine Mütze, schläfrig hat man ihn noch nie erlebt. Er ist ein politischer Kopf, ein wacher Kosmopolit. Heiterkeit ist ihm eigen und auch seine Satiren würzt er nie mit Essig, sondern immer nur mit Salz. Geboren wurde er dort, wo die Weiße Elster fließt, und diebisch kann er sich über Ehrungen freuen, die seinen Freunden und seinen Autoren zuteil werden. Heute freuen sich seine Freunde und Autoren für ihn. Er verkörpert einen nationalen Charakter, mit dem wir uns gerne identifizieren. Der Neuphilologischen Fakultät der Universität Tübingen gratuliere ich dazu, dass sie mit Dr. Krüger einen Kollegen gewonnen hat, der aller Ehren wert ist: unseren deutschen Michel.

XVII. »Wir sind einfach nicht ungebildet genug«
Stan und Ollie

In ihrem ersten abendfüllenden Spielfilm »Pardon Us« (1930) müssen Stan Laurel und Oliver Hardy eine Gefängnisstrafe absitzen. Ängstlich fragt Stan, wie lange sie wohl hinter Schloss und Riegel sein werden. Zwei Monate, meint Ollie. Stan denkt einen Moment nach: »Aha! Jeder von uns nur einen Monat.« Sie teilten nicht nur die Gefängniszelle miteinander, sondern den größten Teil ihres Lebens, den Ruhm, die Freunde und einmal sogar den Rechtsanwalt.

Stan Laurel wurde am 16. Juni 1890, Oliver Hardy am 18. Januar 1892 geboren. Stan wurde also im Frühherbst gezeugt, und nie verlor sein hageres Gesicht die Trauer, die vom Wissen herrührt, dass bald die Blätter fallen. Ollie war eine Frühlingsfrucht, und auch die größte Katastrophe vertrieb nicht die Hoffnung aus seinem lieben runden Gesicht. Stan trug Fliege. Ollie war ein Krawattenmann. Im Leben waren sie Gentlemen – im Sinne von Henry Kardinal Newmans Definition, ein Gentleman sei jemand, der nie einem Mitmenschen wissentlich Schaden zufügt. Im Film dagegen verbinden sich mit ihren Namen die größte Tortenschlacht der Geschichte, die längste Zerstörungsorgie Hollywoods und Rachefeldzüge von einer Folgerichtigkeit, wie sie zuvor nur das antike Drama kannte.

Stan hieß ursprünglich Arthur Stanley Jefferson und stammte aus Ulverston in Lancashire, das sich rühmt, die Heimat des Stabhochsprungs zu sein. Stanley hatte ein ehrgeiziges Ziel: Er wollte seinem Vater nacheifern, der in der englischen Music Hall Karriere gemacht hatte. Komödianten waren in einem Landstrich besonders gefragt, in dem die Menschen hart arbeiten mussten und von der Kohle lebten und an der Kohle starben. 1906 hatte der junge Jefferson seinen ersten Auftritt in

Glasgow. Mit der »Armee« Fred Karnos, der berühmtesten englischen Komikertruppe, kam er 1910 zum ersten Mal in die USA. Die Überfahrt erfolgte auf einem umgebauten Viehtransporter. Zur Truppe, die aufbrach, um mit ihren Sketches die neue Welt zu erobern, gehörte auch Charlie Chaplin.

Ollie hieß ursprünglich Norvell Hardy und stammte aus Harlem in Georgia. Als er zwei Jahre alt war, starb sein Vater, der im Bürgerkrieg auf Seiten der Konföderierten gekämpft hatte und Steuereinnehmer und ein bekannter Lokalpolitiker gewesen war. Ihm zu Ehren nannte sich Norvell später Oliver Hardy. Als er auf die Welt kam, wog er bereits 14 Pfund und mit 14 Jahren wog er noch 236 Pfund mehr, also bereits eine Achteltonne. »Babe« riefen ihn seine Freunde, doch viele verspotteten ihn als »Fatty«. Oliver Hardy litt darunter und spielte den Stadtclown, um sich beliebt zu machen. Er konnte singen – in Atlanta hatte er Enrico Caruso gehört –, war im Baseball ein passabler *short stop* und arbeitete schließlich in einem Kino als Kartenabreißer und Vorführer. Es war die Zeit der großen Tortenschlachten, und ein Mann machte Karriere, der ambidexter war, das heißt mit beiden Händen zwei Torten zur gleichen Zeit in zwei verschiedene Richtungen werfen konnte. Es war Roscoe Arbuckle, der ebenfalls »Fatty« genannt wurde. Ollie sah auf einmal, dass sein Gewicht kein Hinderungsgrund für eine Filmkarriere sein musste.

Billy Wilder hatte vor, einen Film über das Leben von Stan Laurel und Oliver Hardy zu drehen. Dazu ist es leider nicht gekommen. Am unwahrscheinlichsten in diesem Film hätten die Zufälle gewirkt, die Stan und Ollie schließlich in einem Film zusammenführten: »The Lucky Dog« aus dem Jahre 1921. »Beide Hände hoch, Insekt, oder ich kämme Dir Dein Haar mit Blei«, ist der erste Satz, den Oliver Hardy in diesem Stummfilm zu Stan Laurel sagt, wenig später gefolgt von dem noch drohenderen: »Du und die Welt nehmen nun Abschied voneinander!« Nach diesem Film trennten sich ihre Wege zunächst wieder, doch dann trafen sie sich erneut. Mr. Laurel und Mr. Hardy stellten später Rekorde in Mehrfachheiraten und -scheidungen auf. Stan und Ollie aber blieben zusammen, bis der Tod sie schied.

Die Filmindustrie war damals noch eine große Familie. Nicht alle mochten sich, aber jeder kannte jeden. Zugleich war es die hohe Zeit der Hektik. Die Studios überboten sich im Tempo, mit dem sie ihre Filme produzierten. Bevor sie ein Paar wurden, hatte Oliver Hardy bereits in 270 und Stan Laurel in 90 Filmen mitgewirkt. In ihren ersten Solo-Filmen spielte Ollie einen »Sultan von Bacteria« und Stan einen Verkäufer, der sich für Napoleon hielt. Filme ohne Alliteration im Titel waren fast undenkbar, sie hießen »Bears and Badmen« oder »Frauds and Frenzies«. Auch machte die Kulturindustrie an ihrem Beginn noch keine falschen Versprechen. Zu den Firmen, die ihrem Daseinszweck einen ehrlichen Namen gaben, gehörte die »Balboa Amusement Producing Company«. Ihr Direktor war ein gewisser Mr. Horkheimer.

In Hollywood ging es nirgends hektischer zu als in den Studios von Mack Sennett. Die Keystone Cops machten sich einen Spaß daraus, alle Geschwindigkeitsbeschränkungen zu überschreiten. In jedem Film, in dem diese uniformierten Ordnungshüter mitspielten, wetteiferten sie darum, die Welt möglichst schnell in den Zustand des allgemeinen Chaos zu versetzen. Auf die Dauer aber ist nichts langweiliger als das Chaos, das sich zu rasch einstellt. Darauf reagierte Hal Roach, der große Konkurrent Mack Sennetts.

Ein Regisseur, der mit Laurel und Hardy später eine ganze Reihe ihrer Welterfolge wie »Big Business« (1929) drehen sollte, Leo McCary, gehörte zu den Entdeckern der Langsamkeit. Als es neben dem Presto auch ein Andante gab, war das Überleben des Slapsticks für eine lange Zeit gesichert. Stan Laurel und Oliver Hardy verdanken dieser Verlangsamung ihre Karriere und ihren Weltruhm. Vorformen ihrer Tics und Tricks lassen sich bereits in ihren frühesten Filmen, bei Stan Laurel bereits in seinen Varieté-Nummern finden. Zu unverwechselbaren Markenzeichen konnten sie erst später werden. Dazu gehören Ollies berühmter, Mitleid und Verständnis heischender Blick in die Kamera und Stans Fähigkeit, aus dem Stand heraus in ein Weinen auszubrechen, das so unstillbar zu sein scheint wie das Greinen eines kleinen Kindes. Dazu gehören die verzögerte Reaktion auf eine Aktion, meist eine Attacke oder ein anderes, Schmerz produzierendes Ereignis, der »slow burn«, und das »Telegraphieren« eines Gags, dessen Wirksamkeit sich ungemein steigern lässt, wenn der Zuschauer nicht nur ahnt, sondern weiß, was gleich passieren wird. Der Besserwisser Ollie braucht dem servierwilligen Stan nur die Kompottschale mit den Worten aus den Händen zu winden »Lass mich das machen«, um das Publikum in höchste Heiterkeit zu versetzen. Jeder weiß schließlich aus Erfahrung, was unweigerlich nach dem Hochmut kommt: der Fall.

Noch schöner, als einen Film mit Stan und Ollie zu sehen, muss es früher gewesen sein, einen Film mit Stan und Ollie zu drehen. Dies ist der Eindruck, den alle Filmgeschichten vermitteln, die sich mit Hal Roach und seinem Studio in Culver City beschäftigen. Schnell erhielt dieser Platz in Kalifornien, wo nirgendwo die Melancholie heimisch ist, den Namen »The Lot of Fun«. Den Grund dafür lieferte Hal Roach selber, der es verstand, an jedem Arbeitstag jedem seiner Angestellten den Eindruck zu vermitteln, alles sei Spaß auf diesem kleinen Erdenfleck.

»Du sollst nicht langweilen« war das wichtigste Gebot des Studios, das alle zu befolgen hatten. Genaue Drehbücher gab es nicht, meist nur eine Grundidee, aus der heraus sich die Filmhandlung entwickelte. Eine plausible Story aber musste es sein – nicht nur Klamauk. Auch darin unterschieden sich die Studios von Hal Roach und Mack Sennett. Bald wurden Stan und Ollie nur noch »The Boys« genannt. Um sie und die Crew in Fahrt zu bringen, genügte es manchmal, dass Hal Roach sagte: »Also, heute sind die Boys ein paar Seeleute …«, und wenige Stunden später ertrank das Studio in Gelächter. Die Bedeutung, die der Handlung zugemessen wurde, führte dazu, dass Laurel und Hardy fast ohne Ausnahme ihre Filme in der zeitlichen Folge der Szenen drehten, die das fertige Produkt aufwies. Es sind die daraus resultierende Leichtigkeit des Erzählens und die Selbst-verständlichkeit des Handlungsablaufs, die viele ihrer Filme zu Meisterwerken machten.

Das Studio kannte kaum eine Hierarchie – mit einer Aus-nahme. In der Regel hatte Stan Laurel das letzte Wort. Er war ein begnadeter Gag-Man und hatte ein untrügliches Gespür für Rhythmus und Tempo. Es war dieser Instinkt, der Buster Kea-ton zu seinem Urteil veranlasste: »Forget Chaplin. Stan was the greatest.« Und Oliver Hardy war ein Vollblut-Schauspieler, der aus kleinsten Anregungen vollkommene Szenen improvisierte. So entstand ein Erkennungszeichen Ollies, der berühmte »tie-twiddle«. Ursprünglich wollte er sich in einer Szene, in der er nicht mehr weiter wusste, mit der Krawatte die Nase schneuzen. Das erschien ihm dann aber zu unappetitlich, und so wurde daraus ein mehrmaliges, das Tempo stochastisch variierende Aufrollen der Krawatte von unten mit zwei Fingern, in dem sich Sympathie heischende Verlegenheit und die Vorahnung der unmittelbar bevorstehenden Katastrophe zugleich ausdrücken. Solche Improvisationen gelangen nicht zuletzt deshalb, weil alle Beobachter darin übereinstimmten, dass Stan Laurel und Oliver Hardy nicht ein einziges Mal der Dauerversuchung jedes Schauspielers erlagen: dem Anderen eine Szene zu stehlen. Im Filmstudio ist dies ein untrügliches Zeichen der Freundschaft.

Weil Stan Laurel und Oliver Hardy Meister der Improvisa-tion waren, überließen sie nichts dem Zufall. Abgedrehte Filme wurden einem rigiden Test unterworfen: dem Urteil der Crew und der Kollegen. Für jeden Film wurden die Durchschnittsla-cher ermittelt. Mindestens 60 bis 70 mussten es in einem Strei-fen von zwanzig Minuten Länge sein, sonst wurde nachgedreht, um den Kicherkoeffizienten (»giggle factor«) zu erhöhen. Die Mühe lohnte sich. Als die Boys 1927 »The Battle of the Century« drehten, war die Zeit der großen Tortenschlachten eigentlich schon vorbei. Doch Stan wollte einen Film machen, in dem jede Torte zählte: »a pie picture to end all pie pictures«. Dazu wurden schließlich über 3000 Torten benötigt, mit deren Lieferung die Los Angeles Pie Company das Geschäft ihres Firmenlebens machte! Das Ergebnis war ein bis heute unerreichter Rekord: »The Battle of the Century« erzielte durchschnittlich 140 Lacher, 7 pro Minute.

Dennoch war die Tortenschlacht für Stan und Ollie nicht die typische Form der Auseinandersetzung. Von der »Lust, alles kurz und klein zu schlagen«, wie der SPIEGEL einmal titelte, kann in ihren Filmen keine Rede sein. Natürlich haben sie, Kindsköpfe, die sie nun einmal sind, immer Spaß an vielfältigen Akten der Zerstörung. Zugleich sind sie aber keine Vandalen, sondern haben den mühsamen Prozess der Zivilisation hinter sich gebracht: Auch die Destruktion folgt bestimmten Regeln und sollte weitgehend von einer Dämpfung der Affekte begleitet werden. So entwickeln sich aus Beiläufigkeiten lange Handlungsketten, deren fürchterlichem Ergebnis der Zuschauer mit einer Mischung aus Vorfreude und ungläubigem Entsetzen entgegensieht. Als in »Big Business« (1929) Stan und Ollie versuchen, ihrem Lieblingsfeind James Finlayson einen Weihnachtsbaum zu verkaufen und dieser ablehnt und beim wütenden Türzuschlagen einen Ast des kostbaren Baumes einklemmt, steht das Maximalergebnis dieser Minimalaggression bereits fest: Am Ende haben Stan und Ollie den Bungalow des cholerischen Fin in die Zeit vor der Bauplanung zurückversetzt und Fin seinerseits hat eigenhändig herausgefunden, aus wie vielen Einzelteilen das Auto von Stan und Ollie besteht.

Stan Laurel und Oliver Hardy waren Handwerker und nahmen ihre Profession ernst: Sie hatten dafür zu sorgen, dass ihre Filme funktionierten, das heißt Spaß bereiteten. Botschaften interessierten sie nicht – mit einer Ausnahme. Es war der Widerspruch gegen eine Bibelstelle – Matthäus 5,39. Wurde man auf die rechte Backe geschlagen, bekam der Gegner eins auf die linke Backe zurück und wurde noch am Ohr gezwickt. So entstanden Sequenzen unendlicher, reziproker Vergeltung, die man in der Geistesgeschichte des Abendlandes als »Nemesis humana« und in der Filmgeschichte Hollywoods als »tit-for-tat« bezeichnet. »Maß für Maß« wäre dafür eine passendere Bezeichnung als »Wie Du mir, so ich Dir«. Denn jeder Racheakt bedurfte der sorgfältigen Überlegung und hatte sein genaues Maß. Waren im Streit unter Privatleuten diese Voraussetzungen gegeben, griff auch die Obrigkeit nicht ein. In »Big Business« notiert der herbeigerufene Polizist fein säuberlich jeden Akt der Aggression, ohne zu versuchen, Frieden unter den Streithähnen zu stiften. Wir befinden uns im Reich der civil society. Der Staat bilanziert, aber er interveniert nicht.

Jeder Film von Stan und Ollie hätte »Tit for Tat« heißen können. 1935 drehten sie einen Film mit diesem Titel. Die Boys eröffnen einen Elektroladen − direkt neben einem Lebensmittelgeschäft. Und wieder kommt es, wie es kommen muss: Am Ende sind Glühbirnen und Eier nicht mehr voneinander zu unterscheiden. Stan und Ollies Konflikt mit dem Kolonialwarenhändler (Charlie Hall) aber lässt sich nur historisch erklären. Sieben Jahre zuvor hatten sie Charlie Hall, der schon damals in der Lebensmittelbranche tätig war, böse mitgespielt und in dem Film, der »Tit for Tat« unmittelbar vorausging, heftig mit seiner Frau geflirtet. Jetzt war für Charlie der Tag der Rache gekommen. In 47 Filmen mussten Stan und Ollie sich mit Charlie Hall auseinandersetzen, und fast ebenso viele Filme waren es, in denen sie James Finlayson attackierten, den Toupetliebhaber mit Gurkennase, Walrossbart und selbstbewusstem Silberblick. Die Filme von Stan Laurel und Oliver Hardy sind Teile einer großen Comédie humaine, deren Personal begrenzt und überschaubar ist. Und so wie der Leser Balzacs sich freut, Romanfiguren wieder zu begegnen, die er von früher her kennt, steigert sich in den Filmen von Stan Laurel und Oliver Hardy das Vergnügen des Zuschauers, wenn er auf der Leinwand alte Bekannte wiedersieht.

»Tit-for-Tat« galt auch im Umgang der Boys miteinander. Ollie, der glaubte, erwachsen zu sein, wusste immer alles besser, doch Stan war ein Zauberkind. Zum Ärger Ollies konnte Stan aus seinem Daumen Feuer schlagen, mit den Ohren wackeln und aus der rechten Jackentasche ein Glas Wasser holen.

Die dazu gehörigen Eiswürfel steckten in der linken Tasche. Sie zwickten und sie knufften sich – und hielten in einer Welt voll feindlicher Lebensmittelhändler, unberechenbarer Hunde und unbarmherziger Ehefrauen doch fest zusammen – zwei Erbsen in einem Topf, wie Stan einmal treuherzig bemerkte. Sie lebten in ihrer eigenen Welt, in der Zahlen und Daten eine Bedeutung gewannen, die nur sie beide verstanden. Zehn Tage waren für sie fast eine Woche, der Tag vor Weihnachten war der 15. November, und als Stan einmal 3 Millionen Dollar erben soll und fragt, ob das so viel sei wie 1000 Dollar, belehrt ihn Ollie: »Was denkst Du denn – es sind beinahe zwei Mal so viel!« Auch im Leben bedauerten sie es, nicht genügend gelernt zu haben und als sie 1939 im Film (»A Chump at Oxford«) endlich die Chance erhielten, aufs College zu gehen, wussten sie genau, was ihnen fehlte: »Wir sind einfach nicht ungebildet genug!«

Stan Laurel und Oliver Hardy gelang, woran viele große Karrieren in Hollywood zerbrachen: der Übergang vom Stummfilm zum Tonfilm. Ihr erster Tonfilm, der paradoxer Weise ursprünglich »Their Last Word« heißen sollte, begann mit Worten, die Ollie aus der Seele sprachen: »Erst einmal gehen wir essen – ein großes, dickes, saftiges Steak mit Champignonsauce, Erdbeeren mit Schlagsahne, Kaffee und danach eine dicke schwarze Zigarre!« Worauf Stan erwiderte: »Keine Nüsse?« Vom kulinarischen zum literarischen Dialog war es dann nicht mehr weit. In »Our Relations« (1936), einem Film, in dem sie in Doppelrollen auch ihre Zwillingsbrüder Alfie und Bert spielen, sprechen Stan und Ollie oft die gleichen Worte gleichzeitig aus. Wann immer dies passiert, fassen sie sich wechselseitig an die Nase, und während der eine ruft: »Shakespeare!«, entgegnet der andere: »Longfellow!« »Our Relations« wurde schon früh als Remake von Shakespeares »Komödie der Irrungen« gesehen. In »Tit for Tat« zitiert der unschuldige Stan fast wörtlich einen Satz des bösartigen Jago aus »Othello«. Der Kritiker Eddie Cantor schrieb, Stan und Ollie hätten jeden ihrer Filme so ernst genommen, als ob es sich um »Macbeth« oder »Hamlet« handelte.

Sie waren das erfolgreichste Komikerpaar aller Zeiten und wurden auf der ganzen Welt berühmt. Der englische König Edward VIII. und der amerikanische Präsident Roosevelt ließen sich die Filme von Stan Laurel und Oliver Hardy in ihren Privatkinos vorführen. Als Stan und Ollie 1932 zu ihrem ersten »comic conquest« aufbrachen, der sie nach England und nach Paris führte, brachten sie überall die Massen auf die Straßen. So anstrengend war die Reise, dass Oliver Hardy 70 Pfund ab- und Stan Laurel 20 Pfund zunahm.

Zu Hause versuchten sie, außerhalb des Studios ein ruhiges Leben zu führen – ein Vorhaben, das misslingen musste, weil sie unentwegt mit Heiratsvorbereitungen oder Scheidungsfolgen beschäftigt waren. Ollie war drei Mal verheiratet. Wie oft Stan verheiratet war, ist schwer zu sagen, denn von seinen vier Ehefrauen, darunter zwei russische Sängerinnen, heiratete er die eine drei Mal und ließ sich ebenso oft von ihr scheiden. Vornehm im Leben wie im Film, schoss Ollie bei der Jagd Wachteln, während Stan fischte, Enten fütterte und sich um seinen Garten kümmerte. Es gelang ihm, eine neue Pflanze zu züchten, eine Mischung zwischen Kartoffel und Zwiebel, die zu seinem Leidwesen aber niemand essen wollte. Stan konnte sich vom Studio kaum losreißen, während Ollie es nie erwarten konnte, endlich auf den Golfplatz zu kommen. Der letzte Teil des Nachrufs, den die Londoner Times ihm widmete, hätte ihn gefreut: »Er war groß und fett und sein Handicap war 10.«

Oliver Hardy starb am 7. August 1957. Stan Laurel überlebte ihn um acht Jahre. 1961 erhielt er einen Oscar für sein Lebenswerk. Damit wurde posthum auch Oliver Hardy geehrt. Filme wie Blake Edwards' »The Great Race« und Romane wie Kurt Vonneguts Slapstick wurden den Boys gewidmet, Marcel Marceau ging bei ihnen in die Lehre, und Tom Stoppard dachte nicht nur an Shakespeare, sondern auch an Stan und Ollie, als er sein Stück »Rosenkranz und Güldenstern« schrieb. Zuletzt hat Matthias Hartmann mit seiner Bochumer Inszenierung von »Warten auf Godot« eindrucksvoll daran erinnert, dass Samuel Beckett zu den größten Bewunderern von Stan Laurel und Oliver Hardy gehörte.

Stan Laurel wurde vor 112, Oliver Hardy wurde vor 110 Jahren geboren. Sie waren unzertrennlich. In aller Welt feiern Filmfreunde in diesem Jahr ihren 222. Geburtstag.

XVIII. Der Wodehouse-Effekt

Warum ausgerechnet zur Vorweihnachtszeit des Jahres 1865 Henry James so schlechter Laune war, ist der Literaturwissenschaft bis heute ein Rätsel. Nicht nur Familienangehörige und Dienstboten litten darunter, sondern vor allem ein englischer Kollege des amerikanischen Dichters: Charles Dickens. Dessen letzten Roman, *Our Mutual Friend* (Unser gemeinsamer Freund), rezensierte Henry James, als habe ihm sein Butler Vitriol in die Tinte gemischt. Der Roman war eine Ansammlung von Abnormitäten, keinem einzigen der darin geschilderten Charaktere würde man im wahren Leben je begegnen, befand Henry James. Und verkündete den Glaubenssatz: »Eine Gemeinschaft von Exzentrikern ist unmöglich.«

Sechzehn Jahre später wurde in England der Mann geboren, der Henry James widerlegen sollte: Pelham Grenville Wodehouse, genannt »Plum«, der erfolgreichste humoristische Schriftsteller des 20. Jahrhunderts. Plum selbst war das Gegenteil eines Exzentrikers. Er war so normal, dass er sich zeitlebens weigerte, eine Autobiographie zu schreiben, weil ihm dazu drei entscheidende Voraussetzungen fehlten: ein tyrannischer Vater, eine traurige Kindheit und Schuljahre voller Qualen und Demütigungen. Plums Vater Ernest war schwer in Ordnung, seine Kindheit war so »normal wie Reisbrei«, und im geliebten Dulwich College spielte er Cricket und Rugby und wurde 1900 Meister im Hochsprung. Latein und Griechisch lernte er nebenbei.

P. G. Wodehouse, der über der Arbeit an seinem 70. Roman starb, wurde 93 Jahre alt. Mit fünf hatte er sein erstes Gedicht, mit sieben seine erste Kurzgeschichte geschrieben; später nannte er diese Zeit »meine ernste Periode«. Zwei Jahre lang arbeitete er in einer Bank; danach widmete er sich zeitlebens, wenn er nicht gerade Golf spielte, ausschließlich seiner Lieblingsbeschäftigung: dem Schreiben. Er veröffentlichte nicht nur Hunderte von Kurzgeschichten und Romanen, sondern schrieb obendrein die Texte für Dutzende der erfolgreichsten Musicals und Shows am Broadway. An einem kleinen wackligen Tisch hämmerte Plum auf seine alte Monarch-Schreibmaschine ein, die frisch gestopfte Pfeife im Mund, Bartlett's *Familiar Quotations* in Reichweite und auf dem Schoß Mrs. Miffen oder Miss Winks – zwei der sieben Pekinesen, die den Haushalt von Wodehouse bevölkerten.

Das Erfolgsgeheimnis des P. G. Wodehouse gründet sich nicht zuletzt darauf, dass es ihm relativ schnell und mühelos gelang, in England wie in den USA zu Hause zu sein. Sein schlechtes Augenlicht hatte Plum daran gehindert, Profiboxer zu werden. Und als er 1904 zum ersten Mal nach Amerika kam, wollte er dort vor allem Kid McCoy, den berühmten Weltergewichtler, sehen. Aber auch dem reisenden Boxfan konnte nicht entgehen, dass die Zeit vor dem Ersten Weltkrieg »The Great Age of the American Magazine« war – eine Blütezeit der schreibenden Zunft.

Niemand hat die Stimmung dieser Jahre prägnanter in Worte gefasst als P. G. Wodehouse, als er berichtete, gegenwärtig könne in den Vereinigten Staaten kein verzweifelter junger Autor von einem Hochhaus springen, ohne auf den Schultern eines Verlegers zu landen. Die Schiffspassage zwischen England und Amerika kostete 10 Pfund, und man brauchte weder Pass noch Visum. So nahm Plum regelmäßig das Schiff über den Atlantik wie einen Vorortzug. Im amerikanischen Rag-Time-Tempo beschrieb er englische Charaktere – und wurde, zusammen mit T. S. Eliot und Henry James, zu einem der großen anglo-amerikanischen Schriftsteller des 20. Jahrhunderts.

In Hollywood gehörte Wodehouse zu den höchstbezahlten Drehbuchautoren. Am Broadway war er vor Andrew Lloyd Webber der einzige Autor, von dem fünf Musicals zur gleichen Zeit liefen – manche davon so lang, dass sie von den Lebensläng-

lichen in Sing-Sing nachgespielt wurden. In ein Singspiel von
P. G. Wodehouse zu gehen, beschrieb Dorothy Parker – in deren
Adern damals noch etwas Blut und nicht nur Essig floss – als
»my favourite indoor sport«. Und dennoch: Selbst die hartnä-
ckigsten Fans von Plum, die ein Dutzend seiner berühmten Romananfänge im Schlaf rezitieren könnten und den Namen seines frühen Helden, Stanley Featherstonehaugh Ukridge, ohne
jedes Zögern korrekt auszusprechen imstande sind, sehen sich
in der Regel kaum in der Lage, auch nur eine einzige Broad-
way-Show oder ein Musical zu nennen, das durch die Texte von
P. G. Wodehouse zum Hit wurde.

Unsterblich bleibt Wodehouse als Verkörperung der »English Idea«, worunter die Engländer all das verstehen, was die
menschliche Zivilisation lebenswert macht – Five o'clock Tea
(mit Gurken-Sandwiches *à la rigueur*), Cricket, Fairness denen gegenüber, die sie verdienen, und ab und zu ein leichter Scherz
über die Monarchie. Besucht der Wodehouse-Leser einen der
großen englischen Landsitze, hat er Blandings Castle vor Augen,
das Heim Clarence Rupert Rochesters, des 9. Earl of Emsworth –
eines Mannes, der in seiner Zerstreutheit um einiges anrüh-
render wirkt als Hamlet und der doch wütend werden kann wie
Macbeth, sobald jemand dem Liebsten in seinem Leben an den
Nacken will: der Empress of Blandings, der mit Preisen über-
häuften, fettesten Sau in ganz Shropshire.

Und wenn am Feierabend der Wodehouse-Leser zur Abwechslung wieder einmal Hegels *Phänomenologie des Geistes* zur
Hand nimmt, kann er die berühmte Abhandlung über Herr
und Knecht nicht lesen, ohne an Bertram Wilberforce Wooster, genannt Bertie, zu denken und an Jeeves, nicht Berties Butler, sondern dessen »Gentleman's Gentleman« – ein Meister
der Langmut wie der Kurzschrift, dessen Augenbrauen selbst
dann, wenn jedes andere menschliche Wesen in Panik verfiele,
sich nicht höher heben als exakt 0,317 Zentimeter, nämlich »an
eighth of an inch«. Kein schöneres Anglerlatein findet sich auf
der Welt als in den Geschichten von Mr. Mulliner; und wer als

Golfer am ersten Abschlag gern so ruhig wäre wie Tiger Woods, beherzige einfach die Ratschläge, die P. G. Wodehouse in seinen Golf Stories dem »Oldest Member« am 19. Loch in den Mund legt.

Endlos ist die Reihe der unvergesslichen Charaktere, die Wodehouse geschaffen hat, von Berties Tante Agatha, »The Pest of Pond Street«, die aussah wie ein einsamer Geier in der Wüste Gobi, über Augustus (»Gussie«) Fink-Nottle, der verhaftet wurde, als er im Brunnen am Trafalgar Square nachts nach seinen geliebten Molchen jagte und dessen Rede vor den Absolventen der Market Snodsbury Grammar School unangefochten als komischste Szene der englischsprachigen Literatur gilt, bis hin zu Sir Gregory Parsloe-Parsloe, dem 7. Baron auf Much Matchingham, der so dick war wie zwei ausgewachsene Beefeater, so dass keine Frau ihn zu ehelichen wagte, weil sie damit Gefahr lief, noch in der Kirche wegen Bigamie verhaftet zu werden.

Bei P. G. Wodehouse gibt es nur Exzentriker, aber sie bilden – darin liegen Plums kompositorische Meisterschaft wie die Widerlegung der Behauptung von Henry James – eine verschworene Gemeinschaft. Ein Grund dafür war die Weigerung des Autors, die möglicherweise widrigen Bedingungen der Außenwelt literarisch zur Kenntnis zu nehmen oder gar kenntlich zu machen. Seine Bücher sind Musicals ohne Musik, in denen das sogenannte wahre Leben nichts verloren hat. In Plums Romanwelt scheint stets die Sonne über frisch gemähtem Rasen, die Vögel singen, die Steaks sind saftig, und die größte denkbare Katastrophe besteht darin, im karierten Anzug zum Dinner zu erscheinen.

Dass Plums Leben dennoch – in England wie in Amerika – der Phantasiewelt seiner Romane weitgehend ähnelte, lag nicht zuletzt an seiner Frau Ethel, mit der er mehr als 60 Jahre lang glücklich verheiratet war, und an seiner geliebten, früh verstorbenen Stieftochter, der P. G. Wodehouse durch die – mittlerweile von vielen Autoren kopierte – Widmung eines seiner Romane einen Platz in der Literaturgeschichte sicherte: »Für meine Tochter Leonora, ohne deren nie fehlende Sympathie und Ermutigung ich dieses Buch in der Hälfte der Zeit geschrieben hätte.«

Auch wenn Plum in seinen Romanen versuchte, sich um die Außenwelt nicht zu kümmern – die Außenwelt kümmerte sich um ihn. Während des Zweiten Weltkrieges war es ausgerechnet Joseph Goebbels, der so sehr auf die Wirkung der Worte von Wodehouse vertraute, dass er damit beinahe das Ende seiner Schriftstellerkarriere bewirkt hätte.

1939 hatten Wodehouse und seine Frau ein Haus in Le Touquet in der Normandie gekauft. Dort überraschte sie 1940 der Einmarsch der Deutschen. Wodehouse wurde von seiner Frau getrennt, interniert und kam schließlich in ein Gefangenenlager nach Schlesien, aus dem man ihn kurz vor seinem 60. Geburtstag nach Berlin entließ. Dort traf er, standesgemäß, in einer Suite des Hotels Adlon seine Frau wieder. Als der Berliner Repräsentant der CBS den Autor bat, über den Rundfunk amerikanischen Hörern von seiner Zeit in der Gefangenschaft zu berichten, stimmte er zu. Die Ausstrahlung dieser Sendungen wäre ohne Kenntnis des deutschen Propagandaministeriums nicht möglich gewesen. Mehr noch: Die Nazis requirierten die Tonbänder und strahlten die Sendungen ohne Wissen von Wodehouse nach England aus.

Nach dem Krieg drohte Wodehouse eine Anklage wegen feindlicher Propaganda zu Kriegszeiten, die ihn Jahre seines Lebens hätte kosten können. Doch die Anklage wurde nie erhoben. Die Rundfunksendungen, die kaum jemand gehört hatte, stellten sich als harmlos heraus und an dem Vorwurf, Wodehouse habe sich mit diesen Sendungen seine Entlassung aus der Gefangenschaft erkauft, war kein wahres Wort.

Malcolm Muggeridge war vom englischen Geheimdienst mit der Klärung des Verdachts gegen Wodehouse beauftragt worden. Er entstammte einem streng sozialistischen Elternhaus, in dem die Romane von Wodehouse als »Opium of the Classes« verpönt waren, Bertie Wooster als unerträglicher Parasit und

Jeeves als Verräter am Proletariat galt. Von seiner Mission aber kehrte Muggeridge als Fan von Wodehouse und als begeisterter Leser seiner Romane zurück. Noch entschiedener setzte sich für Wodehouse ein anderer Kollege ein: George Orwell. Er war wütend darüber, dass Teile des britischen Establishments in Wodehouse einen Sündenbock suchten, um von ihrer eigenen verfehlten Deutschlandpolitik und ihren lange gehegten Appeasement-Illusionen abzulenken. Dass er George Orwell zu seinen Lesern zählen durfte, freute Wodehouse ganz besonders; mit Orwell brachte er einen Kollegen zum Lachen, der sich nicht schnäuzen konnte, ohne an die miserablen Arbeitsbedingungen in den Taschentuchfabriken zu denken.

Wo allerdings ähnliche dramatische Umstände fehlen, erweisen sich die Bekehrungsversuche von Wodehouse-Fans an Wodehouse-Ungläubigen in der Regel bis heute als erfolglos. Es scheint sich hier um einen angeborenen Defekt zu handeln, für den trotz der Entschlüsselung des menschlichen Genoms noch keine Heilung in Aussicht steht. Und es hilft auch wenig, diesen Bedauernswerten all die Politiker, Philosophen und Preisboxer vorzubeten, die ihren Wodehouse so regelmäßig wie die *Times* lasen und lesen, oder daran zu erinnern, dass Hilaire Belloc ihn den größten englischen Schriftsteller nannte – es bleibt bei der »stiff upper lip«.

Dass in den Romanen Plums immer das Gleiche geschieht, kann seine Leser nicht stören – im Gegenteil. Jede Abwechslung würde von ihnen mit Misstrauen zur Kenntnis genommen. Noch heute erinnern sie sich voll stiller Freude, wie Wodehouse reagierte, als ein Kritiker, der langsamer las, als Plum schreiben konnte, den Vorwurf erhob, Wodehouse schreibe immer wieder die gleiche Geschichte, nur die Namen ändere er von Zeit zu Zeit. Wodehouse gelobte Besserung: In Zukunft werde er zwar weiterhin die immer gleiche Geschichte schreiben, aber die Namen nicht mehr ändern. Dies ist der Wodehouse-Effekt – und darin liegt das Geheimnis von Plums Erfolg.

Nach letzter Zählung hat P. G. Wodehouse alleine in seinen

Romanen etwa 2000 Charaktere geschaffen. Selbst der fleißigste Aficionado kann dabei die Übersicht verlieren. Lange Zeit hat die Wodehouse-Gemeinde darauf warten müssen, dass ihr bei der Lektüre ein ähnliches Hilfsmittel an die Hand gegeben wird wie den Bibellesern ihre Synopse, den Shakespeare-Verehrern ihre Konkordanz und den Bewunderern der *Comédie humaine* der »Larousse Balzac«.

Nun hat das Warten ein Ende. Ein Jahrhundertwerk liegt vor uns – die acht Bände der ohne falsche Bescheidenheit so genannten »Millenium Wodehouse Concordance«.

Bereits 1952 hatte Geoffrey Jaggard eine erste Blandings-Konkordanz ausgearbeitet. Niemand war dafür besser geeignet, denn der Vater Jaggards hatte in Stratford-upon-Avon eine Shakespeare-Konkordanz hergestellt. Das Dumme war nur: Als Jaggard fertig war, hatte P. G. Wodehouse in der Zwischenzeit fünf neue Romane geschrieben. Und als Jaggard diese mit Mühe nachgetragen hatte, waren schon wieder vier neue Romane erschienen. Es war wie im Wettlauf von Hase und Igel: Als Jaggard 1970 starb, schrieb Wodehouse immer noch. Jaggards Manuskript blieb unveröffentlicht und wurde schließlich auf einer Auktion von Tony Ring erworben.

Sofort packte Ring der Ehrgeiz, die Arbeit Jaggards endgültig zu Ende zu bringen, und so besitzen wir jetzt endlich den Führer durch das Werk eines Autors, der, wie Evelyn Waugh schrieb, ein Wunder vollbracht und eine Welt ohne Sündenfall geschaffen hat. Wir können jeden Plot nachschlagen und uns der genauen Schreibweise jedes Namens vergewissern, die Mitglieder des Drones' Club aufzählen und die Gerichte nachschmecken, die Anatole, der provençalische Koch von Berties Tante Dahlia Travers, auf dem Landsitz Brinkley Court so unnachahmlich zuzubereiten verstand.

Die regelmäßige Benutzung der Konkordanz wird die Bewunderung seiner Anhänger für P. G. Wodehouse noch steigern, einen Autor, der, anders als Maggie Thatcher, in Oxford einen Ehrendoktor erhielt, der am Ende seines Lebens geadelt wurde, dessen Bücher Queen Mum noch lieber mochte als Gin and Tonic und der sich dennoch am höchsten geehrt fühlte, als bei einem Dinner in London eine reizende alte Dame ihn den ganzen Abend lang mit Edgar Wallace verwechselte.

XIX. Philosophie satt
Roger Rocous Buch *Die Saucen der Postmoderne*

Es ist eine nicht eben neue Erkenntnis, dass zwischen den
philosophisch-künstlerischen Strömungen einer Epoche und ihren kulinarischen Vorlieben ein enger Zusammenhang besteht. Bereits das *De gustibus non est disputandum* der Alten
hat diese Einsicht zur Maxime verdickt: Wer die ostpreußische
Küche kennt, wird Kant allemal besser verstehen als der, der
noch nie eine Pomuchelskopp-Suppe gegessen hat, und die Re-
naissance des Eintopfs (*pot-au-feu*) im Frankreich des 19. Jahrhunderts macht überdeutlich, dass bei unseren westlichen
Nachbarn die herrschende Philosophie der Zeit nur der Eklek-
tizismus sein konnte.

Bis auf den heutigen Tag aber war man geneigt, derartige
Entsprechungen – hier sei der Einschub gestattet, dass der Fond
der Rimbaudschen und Baudelaireschen *correspondances* erstaunli-
cherweise noch weitgehend unerforscht geblieben ist – als Ausdruck des Zeitgeistes anzusehen, der Hirn und Magen zugleich
beeinflusst. Das Hebbel-Ibsensche »Gerichtstaghalten« über die
Welt soll doch – das hat man südlich von Wesselburen zu oft
vergessen – zunächst einmal nichts anderes heißen, als dass man
die Gerichte der Welt probiert, und Hegels »Die Weltgeschichte
ist das Weltgericht« hat eben noch mehr mit kulinarischer als
mit politischer Restauration zu tun. Von Meerrettich bis Metter-
nich ist es ohnehin nicht weit.

Leider – oder um es noch deutlicher zu sagen: *hélas* – haben
auch auf diesem Feld die Franzosen uns einiges voraus. Zwei
Beispiele müssen genügen: Einmal Patrice Chéreaus Pariser
Inszenierung von *Kabale und Liebe* – ein Musterbeispiel des kulinarischen Theaters –, in welcher der Hofmarschall von Kalb
nicht nur, wie Schiller es wünscht, »einen Bisamgeruch über

das ganze Parterre« breitet, sondern die queren Züge seines Charakters auf ingeniöse Weise durch die Art verdeutlicht, wie er auf offener Bühne sein *Ris de veau grillé maréchal* verspeist; zum anderen das Festival in Aix-en-Provence, wo es längst üblich geworden ist, im *Rosenkavalier* den Ochs von Lerchenau als *Bœuf à la mode* zu geben.

Es wird daher niemanden überraschen, dass jetzt ein Franzose im Pariser Verlag der Table Ronde ein Buch serviert hat, das Jürgen Habermas' Urteil, in den letzten zwanzig Jahren seien die entscheidenden Denkanstöße aus der französischen Metropole gekommen, aufs eindringlichste bestätigt. Roger Rocou – nicht zu verwechseln mit dem bekannten Trüffelspezialisten Roger Roucou aus der »Mère Guy« in Lyon – hat in jahrelangen, mit Entbehrungen und Gefahren verbundenen Recherchen das Geheimnis der Postmoderne gelüftet.

Der Autor stammt aus der *France profonde*, also aus der Provinz: aus Castelnaudary. Mit Confit und Cassoulet großgeworden, widmete er sich schon früh mit allem Ernst der Philosophie Cassirers, bevor er bei François Châtelet eine intime Kenntnis der französischen und außerfranzösischen Philosophiegeschichte erwarb. Er promovierte über den Nachtisch bei den Vorsokratikern, publizierte einen Essay – nomen est omen – über Sartres Sorbetièren und ging dann ans CNRS, wo die vorliegende Untersuchung entstand. *Les Sauces de la postmoderne. Etude sur les machinations criminelles d'une philosophie anti-culinaire* liest sich in der Tat wie ein Kriminalroman. Erfreulich, dass die deutsche Ausgabe im Suhrkamp-Verlag vorbereitet wird: Wie man aus vollem Munde hört, wird Siegfried Unseld selbst sie demnächst in »Ernie's Bistro« präsentieren. Die Speisekarten dürften *rarissima* werden: Johannes Grützke soll Textmenus von Botho Strauss illustrieren.

Zurück zu RR, wie er in Frankreich längst genannt wird. Roger Rocou war nicht der erste, dem auffiel, dass in der Nachkriegsgeschichte der französischen Philosophie der Übergang vom Existentialismus und Strukturalismus zu jenen Strömungen, die man als »Nouvelle philosophie«, als Dekonstruktivismus und als Postmoderne bezeichnet, sich gewaltsamer vollzog, als dies gemeinhin der Fall zu sein pflegt. Vergleichbar war dieser Umbruch nur mit der Erschütterung, welche die französische Küche erlebte, als die Nouvelle Cuisine die Teller der Franzosen auf einen Schlag dramatisch leerte. Was war geschehen? Hatte etwa das Essen das Denken verändert? Entstammte ein seit neuestem spürbarer *haut goût* in der französischen Philosophie der *haute cuisine* des Landes? In der Tat. Genauso war es.

Roger Rocou, der einen flüssig-sämigen Stil à la Béarnaise schreibt, fand heraus, dass hinter dem Rücken Derridas die modernsten der Postmodernen seit nicht weniger als etwa dreißig Jahren vergeblich versucht hatten, ihre Texte auf dem französischen Markt unterzubringen. Sein Buch enthält erschütternde Interviews mit nunmehr alt und grau gewordenen Dekonstruktivisten, die erzählen, wie sie ihre Manuskripte bekannten Großlektoren in Pariser Restaurants vorlesen mussten, mit nichts als einem *petit café* erst vor und dann in sich, während ihre Gegenüber *Œufs pochés à la Sévigné* und Hühnerflügel mit Kastanienpüree in sich hineinschlangen. Beim Dessert war alles vorbei: Der Autor blieb hungrig, sein Manuskript ungedruckt. Jahrelang ging das so, und von der damals noch unbekannten Postmoderne war nur ein Magenknurren zu vernehmen, welches immer mehr anschwoll.

Ausgerechnet der größte Gourmand unter den französischen Schriftstellern war es, der die schmaler und schmaler werdenden Postmodernen erlöste. Nach dem Vorbild von Balzacs *Geschichte der Dreizehn* bildete sich endlich ein Geheimklub, der sich vornahm, die französische Philosophie zu revolutionieren, statt ruhig ihrer allmählichen Verwandlung entgegenzuhungern. Und so, wie der unvorsichtige Ausspruch der Marie-Antoinette, die hungernden Massen sollten eben Kuchen essen, wenn ihnen das Brot fehle, heute als der wahre Auslöser der Französischen Revolution erkannt wird, nahm auch diese Revolution ihren Umweg über die Essgewohnheiten der Franzosen. Diejenigen, welche zunächst die »Neue Philosophie« nicht predigen durften, schufen als Rache die Nouvelle Cuisine. Bocuse, Chapel, Senderens – allesamt verhinderte Philosophen – waren es, welche die Gaumen und Mägen ihrer Landsleute auf unerhört neue Wege und Weisen des Denkens vorbereiteten.

Als Paul Bocuse, der Löwe von Lyon, 1961 mit dem Ehrentitel »Meilleur Ouvrier de France« ausgezeichnet wurde, war der Durchbruch bereits geschafft, und schließlich demonstrierte den Sieg der neuen Philosophie über die klassische französische Küche nichts deutlicher als jener Platz, auf dem heute Beaubourg triumphierend genau dort seine Versorgungsleitungen gen Himmel reckt, wo sich früher die Hallen von Paris befanden. Dass es dabei gelang, ausgerechnete jenen Politiker zum Patron von Beaubourg zu machen, der wie kein anderer schon durch seinen Namen an die alte Küche der braunen Saucen und brustreichen Poularden denken lässt – Georges Pompidou –, zeigt nur, dass in Frankreich alle Koalitionen möglich sind.

In den romanischen Sprachen bilden »zählen« und »erzählen« meist nur ein einziges Verb. Es wäre sinnlos, Rocou und sein Buch in die Schubladen der Cliometriker oder der Narrativen einsperren zu wollen. *Les Sauces de la postmoderne* ist ein Buch, das mit Zahlen nicht geizt. Der Autor beherrscht die Statistik. Sie ist überraschend genug. Wie er den Rückgang des Verbrauchs an Schweinefüßen in den Brasserien rings um die Sorbonne mit den steigenden Ausleihzahlen der Bücher von Baudrillard und Lyotard korreliert, ist atemberaubend. Dass die Kenyaböhnchen die dicken Bohnen der Auvergne in dem Augenblick zu verdrängen beginnen, da die Pamphlete der Postmoderne sich zu Broschüren und schließlich zu veritablen Wälzern aufblähen, kann nicht mehr überraschen. Aber es ist gut, einmal das spezifische Gewicht bestimmter Bohnensorten und die exakten Seitenzahlen philosophischer Manifeste in Tabellenform nebeneinander und zum Vergleich einladend vor sich zu haben.

Wir müssen uns am Schluss wiederholen: Dass Geist und Geschmack zusammengehörten, ist offenkundig. Schließlich verdankt auch Hans Magnus Enzensbergers neue Buchreihe ihren Erfolg nicht zuletzt den Weinprospekten, die sich in ihren Bänden verbergen. Was sollte daran verwerflich sein? Die Önologie ist nicht die schlechteste der Ideologien. Aber wir alle haben bisher in einem verhängnisvollen Irrtum gelebt – dem Irrtum, eine Harmonie kulinarischer und geistiger Entwicklungen dort zu supponieren, wo sich in Wirklichkeit robuste Strategien, Bestechungen und Rufmorde verbergen. Roger Rocous Buch hat uns dafür die Augen geöffnet. Es ist geschmackvoll und appetitanregend, nahrhaft und bekömmlich: ein ausgekochtes Buch.

Roger Rocou: *Les Sauces de la postmoderne. Etude sur les machinations criminelles d'une philosophie anti-culinaire.* 768 Seiten mit 126 Tafeln, 24 Statistiken und 78 Rezepten. Abwaschbares Leinen, 176 fFr. im Buchhandel, in ausgewählten Restaurants bei entsprechender Speisenfolge 10 Prozent Rabatt. Degustationsexemplar (jeweils die erste und die letzte Seite der 14 Kapitel): 30 fFr. Verlag der Table Ronde, Paris 1985.

Nachweise